LAY IN EARLY CHILDHOOD EDUCATION

| 제3판 |

영유아 놀이지도

박정옥 김미량 김수희 공저

양서원

놀이하고 있는 영유아의 모습을 보면 그들이 얼마나 호기심에 넘치며 즐거움과 생동감으로 가득 차 있는지 느낄 수 있다. 건강한 영유아라면 누가 시키지 않아도 하루 종일 쉬지 않고 다양한 놀이를 즐겨 하는데 그것은 영유아들이 생태적으로 놀이에 대한 에너지를 가지고 있기 때문이며 놀이가 바로 기쁨의 원천이기 때문일 것이다. 최근 많은 연구에서 영유아의 놀이와 발달이 밀접한 관련이 있는 것으로 나타나고 있으며, 놀이가 다양한 측면에 자극을 주고 적극적인 도움을 준다는 것이 밝혀지고 있다. 즉, 영유아들은 놀이하며 자라고 놀이하며 발달한다는 것이다.

그러므로 영유아를 담당하는 교사들은 놀이의 중요성을 이해하고 어떤 놀이를 제공해야 할지, 어떻게 하면 영유아들이 놀이를 잘 할 수 있도록 도와줄 수 있을지에 적극 관심을 갖고 실제적으로 노력해야 한다.

『영유아 놀이지도』는 유아교육과 및 보육과 학생들이 놀이의 기초 이론과 지식을 바탕으로 다양한 놀이를 이해하고 교육현장에서 놀이지도를 하며 실제적인 도움을 줄 수 있도록 하기 위하여 보다 실질적이고 다양한 정보를 소개하는 데 초점을 맞추어 집필하였다.

제1부는 놀이이론을, 제2부는 놀이활동의 실제로 구성하였고 부록으로 생활주제에 맞춘 손놀이 활동을 첨가하였다.

제1부 1장에서는 놀이에 대한 기초적 이해를 돕기

위하여 놀이의 정의 및 중요성을 살펴보았다. 2장에서는 전통적 놀이이론과 현대적 놀이이론에 대하여 소개하였으며 3장에서는 놀이와 영유아발달을 다루었다. 4장에서는 2013년 새롭게 개정된 누리과정과 놀이에 대해 5장에서는 영유아 놀잇감의 기준, 종류, 기능에 따른 놀잇감에 대해 서술하였다. 6장에서는 놀이를 위한 실내외 환경 및 흥미 영역 구성에 대하여 서술하였고 7장에서는 놀이에 영향을 미치는 요인에 대하여 8장에서는 놀이치료와 치료놀이 또 모래놀이치료에 대해 살펴보았다. 마지막 9장은 놀이를 통한 관찰과 평가에 대해 서술하였다.

제2부 놀이활동의 실제에서는 전통놀이, 감각 및 조작놀이, 쌓기놀이, 역할놀이, 물 · 모래놀이, 점토놀이, 게임놀이, 조형놀이, 신체놀이, 실외놀이의 10가지 종류의 다양한 놀이를 상세히 소개하였다. 놀이활동은 만 1세에서 만 5세 영유아의 흥미와 발달수준에 적합하면서도 교육적인 가치가 있고 활용성이 높은 놀이를 중점적으로 선정하였으며 또한 놀이내용과 놀이교구를 쉽게 이해할 수 있도록 사진과 삽화를 곁들였다. 부록에서는 생활주제별로 교육적 가치와 흥미, 활용성이 검증된 손놀이를 선별하여 구절별로 상세한 동작 설명을 붙여 소개하였다.

본서에 소개된 다양한 놀이활동은 그간에 많은 교사들로부터 검증된 것이므로 교육현장에 바로 적용하여 활발히 활용될 수 있기를 기대하며, 활용 시 교사들이 영유아의 흥미와 관심, 발달수준, 환경 등의 특성을 고려하여 융통성 있게 적용하는 것이 더욱 가치 있을 수 있다는 점을 강조하고자 한다.

끝으로 우리의 꿈들이 이루어지도록 늘 지혜를 주시는 좋으신 하나님께 감사를 드린다. 또 본서가 출판되기까지 자료 수집과 사진에 실질적 도움을 준 유치원 및 어린이집 선생님들과 영유아에게 감사를 드린다.

막상 출판을 앞두고 부족함과 아쉬움이 있으나 이 점은 주위의 충고와 조언, 지적 등을 통해 더욱 새로운 교재로 선보일 것을 다짐해 보며, 출판을 허락해 주신 양서원 박철용 회장님과 직원 여러분께 감사드린다.

2017년 2월

저자 일동

Contents

Part 1 놀이이론

Part 2 놀이실제

Part 1

놀이이론

Chapter 1 놀이의 정의 및 중요성

놀이란 아이들에게 생활과도 같은 것이다. 놀이 속에서 아이들은 즐거워하고 또 속상해하기도 한다. 이 장에서는 아이들에게 무엇보다 중요한 놀이에 대해서 살펴보고 놀이의 정의와 중요성에 대해서 알아보기로 하자.

1. 놀이의 정의

놀이는 일정한 시간과 장소의 한계 속에서 자발적으로 또 규칙에 따라 그 자체에 목적이 있으며 긴장과 환희에 충만되어 일상생활과는 다른 아이들만의 의식이라 할 수 있다. 놀이를 여섯 가지 활동으로 정의하면 다음과 같다(김나영 외, 2008).

첫째, 자유로운 활동(free)이다. 노는 사람에게 강제로 하게 하면 곧 놀이는 매력적이며 즐겁고 기분이 좋다는 특성이 없어진다.

둘째, 분리된 활동(seperate)이다. 미리 정해진 엄밀한 시간 및 공간 범위 내에 한정되어 있다.

셋째, 정해지지 않은 활동(uncertain)이다. 노는 사람이 자유롭게 창의적으로 할 수 있으며, 미리 과정이 결정되어 있지 않아 그 과정을 알지 못하며, 또한 결과도 미리 주어지는 것이 아니다.

넷째, 비생산적인 활동(unproductive)이다. 재물도 부도 또 어떤 종류의 새로운 요소도 만들어 내지 않는다.

다섯째, 규칙이 있는 활동(governed by rules)이다. 통상적인 규칙은 정지되고 그 대신에 거기에서만 통용되는 새로운 규칙에 대한 약속을 일시적으로 따른다.

여섯째, 허구적인 활동(make-believe)이다. 현실 생활과 대립되는 제2의 현실 또는 완전히 비현실적이라는 특유의 의식을 동반한다.

그러므로 놀이란 첫째, 새로운 것에 호기심을 가질 수 있게 한다. 둘째, 자신감을 가지게 한다. 셋째, 놀이는 즐거움을 준다. 넷째, 놀이는 내적 동기화를 돕는다.

다음은 임상적인 면에서 놀이의 특성을 기술하였다(김나영 외, 2008).

- 놀이는 즐거움이며 만족을 동반하는 활동이다. 즐거움, 쾌락이 없는 놀이는 있을 수 없다.
- 놀이는 자발적이며 심리적으로 자유롭다. 누군가 강제로 놀게 해서 놀 수는 없다.
- 놀이는 그 자체가 목적이며 다른 동기가 필요하지 않다.
- 놀이는 아동에 있어서(특히 유아) 생활 그 자체이며 생활 적응의 중요한 방법이다.
- 놀이는 의사소통의 도구이며 언어를 사용하지 않고서도 의사소통을 할 수 있다.
- 놀이는 어른에게는 비현실적인 활동이다. 그러나 아동에게는 놀이를 준현실적이라고 할 수 있다. 아동은 이러한 준현실적인 놀이를 통해서 현실로 이행할 수 있는 가능성을 가지고 있다.

2. 놀이의 중요성

1) 놀이와 일과 탐색의 비교

놀이에 대한 개념은 일(work), 그리고 탐색(exploration)으로 비교하여 설명하기도 한다. 놀이는 재미있고 어떤 목표도 없으며 능동적이며, 자발적으로 이루어지는 활동으로 스스로 시작하며 진지하다고 하였다. 그와 반대로 일은 수동적이며 강요적이며, 단조롭고 고되며, 외부로부터 부가된 목표를 달성하기 위해 이루어지는 활동으로 타인에 의해 착수되며 무사안일한 특성이 있다는 것이다. 그러나 이러한 서로 상반된 특성을 지닌 놀이와 일은 이분화되는 것이 아니라 연속선상에 있다는 것을 강조하였다. 따라서 놀이와 일을 명확하게 구별하기란 어려우며 어떤 활동을 놀이 또는 일이라고 하기보다는 놀이에 가까운 활동 또는 일에 가까운 활동으로 설명할 수 있다(이숙재, 2006).

|표 1-1| 놀이와 일의 비교

구분	놀이	일
활동의 특성	· 자유롭게 놀잇감 탐색 · 조작적이거나 다른 놀잇감이 포함 · 조용함을 요구하지 않음 · 과정 중심적 · 끝내기를 요구하지 않음	· 교사가 지시하고 교사가 계획한 활동 · 연필과 종이를 필요로 하는 활동 · 때때로 조용함을 요구함 · 결과 중심적 · 끝내기를 요구함
아동의 참여	· 아동의 의도가 중요 · 신체적 활동이 많음 · 아동에게 정신적인 주의집중이나 인지적 활동을 요구하지 않음 · 또래와 자유롭게 상호작용함 · 언제나 즐거움	· 아동에게 정신적인 주의집중과 인지적인 활동을 요구함 · 언제나 비활동적임 · 때때로 또래와 상호작용함 · 때때로 즐거움
교사의 참여	· 교사의 기대가 거의 없음 · 교사가 거의 평가하지 않음	· 교사의 기대와 의도가 많음 · 교사가 결과를 평가함

출처 : 김수영 외(2009), 저자 일부 수정.

2) 놀이와 탐색의 비교

다음은 놀이를 탐색활동과 대비해 정의한 것에 대해서 알아보기로 한다.

Fenson과 Schell은 놀이와 탐색활동에 대해 첫째, 놀이는 유기체가 주도하는 행동이지만 탐색은 자극이 주도하는 것이다. 둘째, 놀이는 대상에 대한 자극의 발생으로 이루어지지만 탐색은 자극을 주는 대상에 대한 정보의 획득을 위한 시도이다. 셋째, 놀이는 아동의 요구와 흥미에 의해서 행동이 일어나지만 탐색은 탐색되는 대상의 자극적 특성에 의해서 행동이 일어난다. 넷째, 놀이는 즐겁고 다양하며 새로운 행동이지만 탐색은 진지하고 조심스러운 정형화된 행동이다(채종옥 외, 2001).

|표 1-2| **놀이와 탐색의 차이점**

구분	놀이	탐색
발생시간	탐색 다음에	놀이 전에
상황	친숙한 사물	새로우 사물
목적	자극의 창출	사물에 대한 정보 수집
행동	다양한 행동	정형화된 행동
분위기	즐거움	심각함
심장박동	높음	낮음

출처 : 김수영 외(2009).

3. 놀이와 교육과정

1) 놀이의 교육적 가치

Seefeldt(1974)는 놀이의 가치를 다섯 가지로 설명했다.

① 인지적이다.

② 언어발달을 촉진한다.

③ 실험과 탐구를 한다.

④ 상징성을 풍부하게 한다.

⑤ 놀이는 창조적이다.

Frank, Theresa, & Caplan은 놀이의 가치를 열네 가지로 제시하였다(이영석 1998).

① 성장을 돕는다.

② 활동에 자유를 준다.

③ 유아가 극복해야 할 상상의 세계를 제공한다.

④ 탐구적 요소를 지닌다.

⑤ 언어학습의 기초를 제공한다.

⑥ 대인관계를 구축하는 독특한 힘을 지닌다.

⑦ 유아에게 신체적 완성감의 기회를 제공한다.

⑧ 호기심과 주의집중력을 조장한다.

⑨ 유아로 하여금 물질의 세계를 탐구하게 한다.

⑩ 성인의 역할을 학습하게 한다.

⑪ 역동적 학습의 방법이 되게 한다.

⑫ 유아의 판단력을 길러 준다.

⑬ 지식의 구성을 가능하게 한다.

⑭ 생활을 윤택하게 한다.

|사진 1-1| 즐겁게 놀이하는 영유아들

여러 학자들의 이야기를 종합해 볼 때 놀이의 가치는 첫째, 놀이는 아동의 정신위생에 도움이 된다. 둘째, 놀이는 정서발달을 촉진한다. 셋째, 놀이는 지적 발달을 촉진한다. 넷째, 놀이는 사회성 발달을 도와준다. 다섯째, 놀이는 인격 형성에 영향을 미친다. 여섯째, 놀이는 신체 · 운동발달을 촉진시킨다.

2) 놀이와 교육과정의 연계에서 얻는 교육적 장점

놀이의 기본 특성은 놀이와 교육과정이 연계될 때 얻게 되는 주요 교육적 장점에 해당한다. 자세히 살펴보면 다음과 같다(김수영 외, 2009).

- **긍정적 정서** : 놀이의 가장 대표적인 특징은 재미있고 즐겁다는 것이다. 놀이와 교육적 활동이 통합되면서 나타나는 즐거운 감정은 학습에 대한 긍정적인 태도를 증진시킨다. 다시 말해, 학문적 기술과 내용이 놀이와 통합될 때 놀이에서 수반되는 즐거운 감정이 교육과 연결된다.
- **생래적 동기화** : 놀이는 교육적 활동에 참여하는 동기도 제공해 준다. 유아의 놀이를 강화하거나 보상할 필요가 없는 것처럼 놀이의 생래적 동기화의 특성은 '읽기'나 '쓰기'와 같은 교육적 활동이 매우 흥미 있고 내적으로 동기화할 수 있게 도와준다.
- **가작화를 통한 현실 적용** : 놀이의 가작화 요소는 학문적 활동이 유아에게 의미 있고

중요한 활동이 되게 한다. 놀이의 가작화 상황에서 나타난 유아의 인식(예 : 문자는 다른 사람에게 메시지를 전달하는 것)은 현실에서도 적용하여 사용할 수 있도록 도와준다.

- **과정지향적** : 유아가 놀이를 하면 초점은 활동의 목적이나 결과보다는 활동 그 자체에 있게 된다. 이러한 놀이의 특징은 유아에게 새롭고 어려운 도전에 대한 시도 및 노력을 격려하는, 위험 부담이 적은 환경을 제공한다. 그래서 놀이는 새로운 학습에 도전하는 자극을 제공한다.
- **다양한 학습 기회 제공** : 놀이 중심 학습은 유아에게 다양한 기술과 개념을 학습할 수 있는 기회를 제공한다. 덧붙여 놀이는 유아들이 이러한 기술을 배울 수 있는 다차원적 방법을 제공해 준다.

Chapter 2 전통적 놀이이론과 현대적 놀이이론

전통적 이론들은 놀이 연구가 계속되도록 기여했다는 역사적 의미가 있고 현대이론들은 놀이의 심리적 가치 즉 유아의 지적, 사회적, 정서적 발달에 교육적 의미를 강조하여 매우 중요한 이론들이라고 할 수 있다.

본 장에서는 전통적 이론과 현대적 이론에 대해 살펴보도록 하겠다.

1. 전통적 놀이이론(19~20세기 초)

전통적 놀이이론은 인간의 본능과 관련해 잉여 에너지 이론(surplus energy), 연습이론(practice theory), 반복이론(recapitulation theory), 휴식이론(relaxtion theory)으로 설명한다. 내용을 간략하게 설명하면 다음과 같다(윤애희, 2006).

1) 잉여 에너지 이론

Schiller와 Spencer는 잉여 에너지 이론을 주장하였는데, 잉여 에너지론이란 사람들은 먹고 움직이는 등 살아가면서 에너지를 축적하기도 하고 발산하기도 하는데 이때 기본적인 생존에 다 쓰이지 않고 남는 에너지가 있어 그것을 발산하기 위해서 놀이를 하게 된다는 것이다.

놀이는 목적 없는 행동으로 간주되며, 인간과 동물이 이러한 잉여 에너지를 소모시키는 한 방법이다. 오랜시간 교실에 앉아서 학습한 후 운동장으로 뛰어나가는 유아를 본 사람이라면 누구나 잉여 에너지 이론의 진실적 요소를 발견할 수 있다. 또한 유아가 왜 성인보다 놀이를 더 많이 하는지 그리고 진화과정에서 고등동물이 왜 하등동물보다 놀이를 더 많이 하는지를 자세하게 설명해 준다(Johnson, Christie & Yawkey, 2001).

2) 연습이론

Gross는 연습이론을 주장하였는데, 연습이론이란 성인이 되어서 역할을 잘 수행하기 위해 미리 그 역할을 연습하는 것이 놀이라고 하였다.

연습 이론에 따르면 놀이는 유아가 핵심적 기술을 연습하고 완벽하게 만드는 안전한 수단을 제공한다. 놀이의 목적은 성인 생활에 요구되는 기술을 연습하고 정교화 시키는 것이다. Groos는 유아가 사회극 놀이를 하는 동안 부모 역할을 하면서 성인 생활에서 요구되는 부모 역할의 기술을 연습하는 것이라고 주장하였다.

3) 반복이론

반복이론이란 인간이 진화해 온 과정에서 거쳤던 원시적인 삶(낚시하고 동물을 사냥하고 나무 열매를 따는 등)의 원형들이 유아들에게 내재되어 있다가 그것을 계승하기 위해서 기어오르는 놀이나 숨바꼭질 등의 놀이를 통해 재현하는 것이 놀이라고 하였다.

인간이 하등 동물에서 진화되었다는 Darwin의 진화론에 근거하고 있으며 미국의 심리학자이며 교육학자인 Hall(1994)이 주장한 이론이다. Hall에 의하면, 놀이를 통하여 유아는 인간 종에서 관찰되는 발달적 단계, 즉 동물, 야만인, 부족인 등의 단계를 재연한다. 즉, 놀이 단계는 인간의 진화 과정에서 일어나는 것과 같은 순서를 따른다고 주장하였다. 그래서 유아는 또래 집단놀이(부족인)에 참여하기 전에 나무 기어오르기(원시조상)를 하게 된다. 놀이의 목적은 현대의 성인 생활에 더 이상 필요하지 않는 유아의 원시적 본능을 제거하는 것이다. 예를 들어 야구와 같은 운동은 유아들이 방망이로 치는 것과 같은 고대 사냥의 본능을 놀이하면서 제거시켜 준다.

4) 휴식이론

Patrick은 휴식이론을 주장하였는데, 휴식이론이란 일을 함으로써 생기는 피로감을 풀고 쉬고 싶을 때 하는 것을 놀이라고 하였다.

휴식 이론은 일에서 소모한 에너지를 재충전하는 것이 놀이의 목적이라고 가정한다. 휴식 이론은 Morits Lazarus에 의해 1883년에 독일에서 제기되었다. 일에는 에너지 소모가 따르며 에너지 결핍이 초래된다. 에너지는 수면이나 에너지 손실을 초래하는 일과는 전혀 다른 활동에 참여함으로써 재충전될 수 있다. 놀이는 일의 반대 개념으로서, 손실된 에너지를 재충전하는 이상적인 방법이다. 만약 사람이 한 가지 활동을 계속하여 피로해지면 완전히 다른 활동으로 전환하는 것이 도움이 된다. 이는 성인의 여가 활동에 대하여 대중적으로 설명해 준다. 사무실에서 오랜 시간 스트레스를 받는 정신적 활동을 한 후에는 동료들과 다양한 운동과 게임으로 다른 종류의 정신활동을 함으로써 활기를 되찾을 수 있다(Johnson, Christie & Yawkey, 2001).

|표 2-1| **고전적 놀이이론**

이론	학자	놀이의 동기
잉여 에너지 이론	Schiller & Spencer	잉여 에너지의 발산
연습이론	Gross	성인기를 대비한 연습
반복이론	Hall	진화과정의 재현
휴식이론	Patrick	새로운 에너지의 재생

2. 현대적 놀이이론

현대적 놀이이론은 아이들의 놀이를 정신세계와 관련해 보는 정신분석이론(psychoanalytic theory)과 인지발달 과정과 관련해서 보는 인지발달이론(cognitive theory), 또 각성조절이론(arousal modulation theory)으로 나누어 살펴본다.

1) 정신분석이론(psychoanalytic theory)

정신분석이론으로는 Freud 이론과 Erikson 이론을 살펴보도록 하겠다(이숙재, 2006).

(1) Freud 이론

Freud에 의하면 인간의 성격은 원초아, 자아, 초자아로 구성되는데 신생아 시기에는 본능적 충동인 원초아에 의해 행동하지만 점차 성장하면서 자아와 초자아가 발달하고 이러한 발달에 놀이 경험이 중요한 작용을 한다는 설명이다. 즉, 유아는 놀이를 하면서 실생활에서 인상 깊게 느낀 사건을 표현하고 평상시에 이루기 힘든 희망을 성취하는 경험을 함으로써 유아의 자아가 원초아와 초자아를 조절할 수 있게 되고 그 결과로 자아가 성숙한다고 주장하였다. 또한 Freud는 놀이의 동기를 기쁨과 만족감을 추구하는 쾌락의 원리로 설명하였으며 놀이의 치료적 가치도 강조하였다.

(2) Erikson 이론

Erikson(1950)은 놀이를 주변 환경의 숙달(mastry)에 기여하는 발달적 현상으로 설명하였으며 유아의 놀이가 세 단계로 발달한다고 주장하였다. 각 단계를 간략히 설명하면 다음과 같다.

첫째, 자기 세계의 놀이 단계(autocosmic play)로 유아는 출생하면서부터 자신의 신체를 가지고 감각적 운동이나 발성을 반복적으로 시도하는 놀이를 한다.

둘째, 미시 영역 놀이 단계(the micro-sphere)로 놀잇감이나 사물을 가지고 놀이를 하면서 사물 세계의 일정한 법칙에 숙달될 수 있다.

셋째, 거시 영역 놀이 단계(the macro-sphere)로 다른 사람과 함께 놀이를 하는 시기이다.

2) 인지발달이론(cognitive theory)

놀이의 인지발달 이론가인 Piaget와 Vygotsky의 이론을 고찰했다.

(1) Piaget 이론

Piaget(1962)는 놀이 경험이 유아의 인지발달과 긴밀한 관계를 맺는다고 주장하였다. 그는 인간의 지적 행동이 동화(assimilation)와 조절(accommodation) 간의 평형을 통해 이루어진다고 가정하였는데, 동화는 외계의 대상을 유아의 조회 체계에 맞추어 받아들이는 과정을 말하며 조절은 외계의 대상에 맞도록 유아의 조회 체계를 변형시키는 것을 의미한다.

Piaget는 특히 놀이와 모방을 구별해서 놀이는 조절보다 동화가 우세하게 작용하는 상황인데 반해서 모방은 조절의 연속이라고 설명하였다. 즉, 유아가 모방을 할 때는 현실의 요구 조건에 맞게 기존의 사고 체계를 적응시키지만, 놀이에서는 규칙이나 제한에 구애됨이 없이 유아의 활동에 사물을 예속시키는 일종의 상징적 전환(symbolic transposition)이 이루어지므로 놀이는 거의 순수한 동화라고 할 수 있다는 주장이다.

또한 Piaget는 놀이가 유아의 인지발달 단계에 따라 연습놀이, 상징놀이, 규칙 있는 게임의 세 단계로 발달한다고 주장하였다. 이를 간단히 설명하면 다음과 같다(이숙재, 2006).

- **연습놀이** : 감각운동기(출생~2세)의 유아는 신체의 감각운동을 연습하는 즐거움 때문에 단순한 놀이행동을 반복하는 놀이를 한다.
- **상징놀이** : 전조작기(2~7세)의 유아는 사물, 행동, 역할 등을 실제와 다르게 가작화하는 상징놀이를 한다.
- **규칙 있는 게임** : 구체적 조작기(7~11세) 이후에는 주로 규칙이 있는 게임을 한다. 게임의 규칙은 사회적 전통에 의해 제도화된 것도 있지만, 놀이 친구 간의 합의에 의해 임시로 결정되기도 한다.

동화(assimilation)와 조절(accomodation)

동화(assimilation)란 새로운 정보 혹은 경험을 접할 때, 그러한 정보와 경험을 이미 자신에게 구성되어 있는 도식에 적용하려는 경향성을 뜻한다. 조절(accomodation)이란 새로운 정보 혹은 새로운 경험을 인식하기 위해 기존의 도식을 수정하는 것을 의미한다. 즉, 조절은 동화만으로는 적용되지 않을 때 유기체 자신의 구조를 변형함으로써 적용하는 과정이다. 동화와는 반대이면서 상보적인 과정이라고 볼 수 있다.

예를 들면, 어떤 유아가 강아지는 다리가 네 개이고, 털이 달려 있다라는 도식을 가지고 있다면, 그 유아가 시골에서 소를 만났을 때, 소를 보고 강아지라고 말할 것이다. 왜냐하면 소도 강아지와 마찬가지로 다리가 네 개이고 털이 있으므로 자신이 가지고 있는 도식에 대입하는 것이다. 이를 동화라고 부른다. 그런데 엄마가 강아지와 소의 차이점을 설명해 준다면 유아는 자기가 가지고 있는 도식을 조절하여서 새로운 도식을 만들어 낸다. 이를 조절이라고 하며, 이때 유아는 강아지와 소의 특징을 알게 되어 인지가 발달하는 것이다. Piaget는 모순 없는 새로운 지식을 동화시키고 기존의 도식에 적절하지 않은 지식에 대해서는 도식을 변경하면서 끊임없이 도식을 확장하는 인지발달의 과정을 발견하였다(이대균 외, 2009).

(2) Vygotsky 이론

유아들은 특정 사물과 사물의 의미를 분리하여 사고하는 추상적 사고에 어려움을 느끼지만 놀이를 통해 구체적인 사물이 없어도 다른 사물로 그것을 대체함으로써 사물과 사물의 의미를 분리하는 것이 가능해진다. 다시 말하면, 유아들은 가상놀이에서 대체하고 있는 사물의 보편적인 의미를 바꾸기 때문에 의미를 분리하여 사고하는 추상적 사고가 가능해지는 것이다. 또한 아동들이 게임이나 상상놀이 상황에서 규칙들을 따르지 않으면 그 규칙과 자신의 충동적 행동 사이에서 갈등이 일어나게 된다. 따라서 자신이 원하는 것을 자제하고 즉각적인 충동을 조절하여 자신의 행동을 금지하고 구속함으로써 즐거움을 얻는다.

Vygotsky는 아동이 놀이에 참여할 때의 상황은 다른 어떤 상황보다 아동에게 더 많은 통제와 숙고를 요구하게 되어 높은 수준의 자기 조절이 일어난다. 그래서 아동은 자신의 나이보다 더 성숙하게 행동하고 평상시 행동보다 더 수준 높게 행동한다. 이렇게 아동은 놀이에서 자신의 발달 수준보다 더 높은 수준으로 나아갈 수 있게 되어 놀이는 발달의 원천이며, 근접발달영역을 창출하는 것이라고 하였다(홍용희 역, 1996).

비계(scaffolding)

근접발달영역과 매우 밀접한 연관이 있는 개념이 비계이다. 비계는 아동이 자신의 힘으로 문제를 해결할 수 있도록 성인이나 유능한 또래가 도움을 제공하는 것을 의미한다. 비계는 건축학에서 빌려온 용어로서(비계는 건물을 짓거나 수리할 때 또는 외벽을 페인트 칠할 때 발판 역할을 해 주는 임시 구조물을 뜻한다) 건물을 지을 때 발판을 사용하다가 건물이 완성되면 제거해 버리는 것이다. 마찬가지로 아동이 과제를 수행하는 데 도움을 주다가 일단 아동이 혼자서 문제를 해결할 수 있게 되면 비계는 더 이상 필요 없게 된다. 비계는 즉각적인 문제 해결뿐만 아니라 장기적인 안목에서 아동이 스스로 문제를 해결하는 데 필요한 기술을 가르치는 데에도 효율적인 것으로 보인다(정옥분, 2008).

근접발달영역(Zone of Proximal Development)

근접발달영역(ZPD)은 아동이 자신의 힘으로 문제를 해결할 수 있는 수준인 실제적 발달 수준과 성인이나 유능한 또래로부터 도움을 받아 문제를 해결할 수 있는 수준인 잠재적 발달 수준 간의 영역을 의미한다.

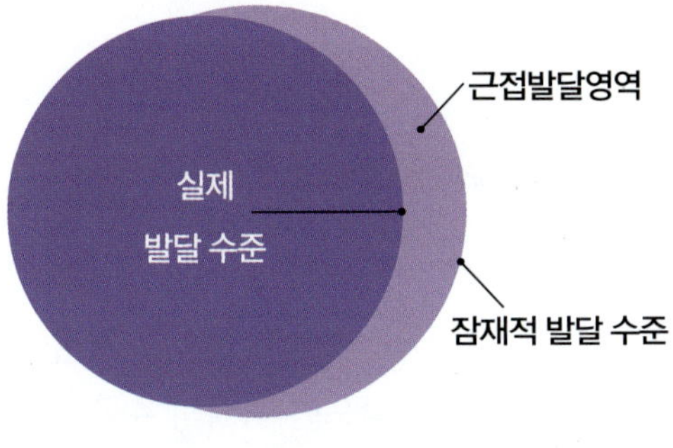

|그림 2-1| **근접발달영역**

출처 : 조복희(1999). 아동발달. 교육과학사. 정옥분(2008) 재인용.

Vygotsky(1962)는 아동이 혼자 힘으로 문제를 해결할 수 있는 수준을 발달의 '열매'로, 그리고 타인의 도움으로 문제를 해결할 수 있는 수준을 발달의 '봉오리' 또는 '꽃'이라고 불렀다.

근접발달영역의 개념은 비록 두 아동이 도움 없이 혼자 힘으로 문제를 해결할 수 있는 수준이 비슷하다 할지라도, 도움을 받고 문제를 해결할 수 있는 수준은 크게 다를 수 있음을 암시한다. 즉, 도움에 의해 수행능력이 증가하면 할수록 근접발달의 영역은 더 넓어진다는 것이다.

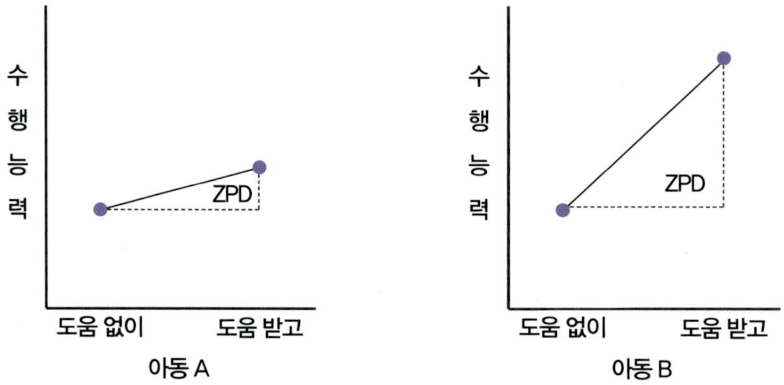

|그림 2-2| 도움 없이 두 아동의 과제 수행이 비슷하다 할지라도, 아동 B가 도움에 의해 수행능력이 더 많이 향상되었다. 따라서 너 넓은 근접발달영역을 갖게 된다.

출처 : 정옥분(2008).

3) 각성조절이론(arousal modulation theory)

각성조절이론은 Berlyne(1960)에 의해 제기되고, Ellis(1973)에 의해 수정된 이론이다.

Berlyne에 의하면, 유기체의 중추신경조직은 각성(arousal)의 최적수준을 유지하려고 하는데, 자극의 수준이 지나치게 높거나 지나치게 낮으면 각성의 수준이 최적 상태 이상으로 증가한다. 이러한 경우 인간은 자극수준을 조절하여 각성수준을 낮춤으로써 평형 상태를 만들게 된다. 각성 조절방법은 두 가지로 나누어지는데 하나는 자극감소 활동이고 다른 하나는 자극추구 활동이다. 자극감소 활동은 자극이 지나쳐서 정서적으로 흥분되거나 긴장이 되면 각성수준이 높아지는데, 이를 적성수준으로 조절하기 위해 참여하는 놀이활동을 말한다. 예를 들어, 낯선 신기한 물건을 보면 흥분과 호기심이 증가하게 된다. 이때 낯선 신기한 물건을 탐색함으로써 흥분 단계는 감소되고 그 물건에 익숙하게 되는 것이다. 각성추구 활동은 자극이 충분하지 않을 때 각성은 현저히 낮은 수준으로 떨어져서 심심하게 되는데 이를 적정수준으로 조절하기 위해서 놀이를 하는 것이다(박찬옥 외, 2005).

Ellis는 각성을 적정수준으로 고취할 수 있는 '자극추구 활동(a stimulusseeking activity)'을 놀이로 간주했다. 즉, 놀이에서는 새롭고 특이한 방법으로 사물을 사용하고 행동하여서 자극이 증가된다. 예를 들면, 기존의 방식대로 미끄럼 타는 것이 싫증나면 유아는 각성 단계에서 발생하는 자극생산 활동이 나와진다고 할 수 있다(지성애, 2001).

|표 2-2| **현대 놀이이론**

이 론	대표 학자	놀이활동의 가치
정신분석이론	Freud	• 상처받는 경험의 부정적 정서를 놀이를 통해 정화 • 반복놀이를 통한 부정적 정서 극복 • 소망 충족
	Erikson	• 자아기능 강화 1) 자기 세계의 놀이 – 자기 신체와 놀이 2) 미시 영역 놀이 – 장난감, 사물과 놀이 3) 거시 영역 놀이 – 다른 사람들과 놀이
인지발달이론	Piaget	• 인지발달 단계와 놀이발달 1) 감각운동기 – 연습놀이 2) 전조작기 – 상징놀이 3) 구체적 조작기 – 규칙 있는 게임
	Vygotsky	• 추상적 사고능력 증진 • 사회, 문화적 상호작용 • ZPD(근접발달영역) 창출
각성조절이론	Berlyne Ellis	• 최적의 각성수준 유지 • 각성 조절 방법 1) 자극감소 활동 2) 자극추구 활동

출처 : 전남련 외(2009). 저자 일부 수정.

Chapter 3 놀이와 발달

영유아들은 놀이를 통해 세상을 알아가고 관계를 형성하는 방법들을 배워 나간다. 본 장에서는 영유아의 발달에 대해 살펴보고 또 놀이의 발달에 대해 연령별로 살펴보도록 하겠다.

1. 놀이와 영유아 발달

영유아의 놀이는 주변 세계와 관련된 지식, 기능, 태도 등을 학습하게 할 뿐 아니라 인지, 정서, 사회성, 언어, 신체, 창의성 발달에 큰 영향을 미친다. 놀이와 영유아 발달관계를 살펴보도록 한다(고문숙 외, 2007).

1) 놀이와 인지발달

놀이에 대한 다수의 연구들은 사고발달과 분류능력이 서로 상관관계가 있다고 밝혔다(Johnson, Ershler, & Lawton, 1982; Perkins, 1984; Resnick, 1987). 놀이를 통해 얻게 되는 인지발달은 다음과 같다.

- 여러 가지 놀잇감을 가지고 놀면서 수, 분류, 서열화, 공간, 시간, 보존개념 등을 획득할 수 있다.

- 놀이 중에 접하는 새로운 사물이나 상황을 탐색하고 실험하면서 다양한 문제 해결 방안을 모색할 수 있다.
- 사물이나 상황에 상징적 의미를 부여하는 놀이, 가령 막대기로 말타기 놀이를 하면서 추상적 사고력이 증진된다.

|사진 3-1| 교구를 이용한 분류놀이

|표 3-1| 골드버그 발달이정표(인지발달)

연 령	발달이정표
0~3개월	1. 소리와 촉각에 반응함 2. 얼굴, 무늬, 물건을 바라봄 3. 움직이는 물건을 따라 눈을 움직임 4. 주변 환경을 탐색함
3~6개월	5. 자기 손과 손가락을 주시함 6. 물건을 입으로 가져감 7. 매달려 있는 물건을 향해 손을 뻗음 8. 물건보다 사람에 더 관심을 보임 9. 시야 밖에서 들리는 소리에 반응함 10. 물건을 향해 손을 뻗고 잡음 11. 물건을 사용하여 소리내기 12. 부분적으로 숨겨진 물건 찾기 13. 물건이 다시 나타나기를 기대함 14. 동시에 두 가지 물건 잡기 15. 바닥에 떨어진 물건을 눈으로 따라감 16. 목소리를 흉내 냄 17. 동작을 흉내 내고 되풀이함

연 령	발달이정표
6~12개월	18. 안과 밖에 대한 개념이 생기기 시작함 19. 지적하기 시작함 20. 결과를 얻기 위해 동작을 수행함 21. 감춰진 물건을 열어서 찾기 22. 박스 안에 물건 넣기 23. 한 물건을 내려놓고 다른 물건을 향해 손 뻗기 24. 다양한 방법으로 물건을 탐색함 25. 물건의 앞, 뒤, 위, 밑을 이해함 26. 두 물건을 서로 부딪치는 흉내 내기 27. 낙서를 흉내 냄
1~1.5세	28. 시행착오법을 사용함(시도와 실패를 되풀이함) 29. 한 물건을 다른 물건을 만지는 데 사용함 30. 물건이 시야를 일부 벗어나도 물건을 따라 주시함 31. 목적을 가지고 물건을 사용함 32. 몸동작을 사용함 33. 새로운 동작을 흉내 냄 34. 집안일을 흉내 냄 35. 작은 물건을 조작함
1.5~2세	36. 한 물건을 다른 물건에 영향을 주기 위해 사용함 37. 물건을 갖기 위해 기어 올라감 38. 필요하다면 장애물을 피해 옆으로 감 39. 기능적으로 적절한 방법으로 장난감을 사용함 40. 기억해서 활동과 말을 흉내 냄
2~3세	41. 물건의 크기를 이해하기 시작함 42. 공간관계를 이해하기 시작함 43. 양을 인지하기 시작함 44. 유사함을 인지하기 시작함 45. 분류하는 것을 시작함 46. 일부분 / 전체의 관계를 이해하기 시작함

연 령	발달이정표
3~4세	47. 크기를 이해함 48. 공간관계를 이해함 49. 양을 이해함 50. 유사함을 이해함 51. 분류하는 것을 이해함 52. 일부분 / 전체의 관계를 이해함 53. 차이점과 유사점을 사용해서 비교함
4~5세	54. 크기 또는 연소성의 순서를 이해함 55. 이야기에서 사건과 사건의 전개 순서를 이해함 56. 일대일의 관계를 이해함 57. 하위 집단을 이해함 58. 원인과 결과를 이해함 59. 50 이상을 셀 수 있음 60. 간단한 지시를 이해하고 따름 61. 흉내 내는 놀이와 역할놀이를 함

출처 : 정보인, 유은영, 2002; Goldberg, 1997.

2) 놀이와 언어발달

놀이는 언어 연습장으로 아동은 놀이를 통해 끊임없이 언어능력을 습득하고 연습하게 된다. 놀이를 하면서 다양한 어휘를 배우고 역할에 알맞은 적절한 언어를 사용할 수 있게 된다. 또한 놀이 친구들과 사회적 관계를 맺음으로써 점차 자기 중심적 언어에서 탈피하여 남의 말에 귀를 기울여 이해하고 자신의 의견을 교환하는 의사소통능력을 기르게 된다(이숙재, 1990). 놀이를 통해 얻게 되는 언어발달은 다음과 같다.

- 놀이를 통해 다양한 어휘를 습득하고 정확한 발음과 목소리 조절능력이 발달되며 문장 구성력도 증진된다.
- 다양한 상황이나 역할에 적합한 언어 사용으로 바른 언어생활 습관을 자연스럽게 익힐 수 있다.
- 놀이 경험을 통해 자기 중심적 언어에서 남의 말을 잘 듣고 이해하며 자신의 의견을

교환하는 의사소통 능력을 기를 수 있다.

|사진 3-2| 언어놀이를 하는 영아

|표 3-2| 골드버그 발달이정표(언어발달)

연 령	발달이정표
0~3개월	1. 좋으면 소리를 내어 반응함 2. 소리를 들으면 말소리를 내어 반응함 3. 미소 짓기 4. 좋으면 까르르 소리를 내며 반응함 5. 두서없이 모음과 비슷한 소리 내기(ㅏ, ㅓ, ㅗ, ㅜ 등) 6. 큰 소리에 말소리를 내어 반응함 7. 사람 말소리에 같이 말소리를 내어 반응함
3~6개월	8. 음성에 변화를 주면 말소리를 내어 반응함 9. 얼굴 표정에 말소리를 내어 반응함 10. 친숙한 물건의 이름을 인식함 11. 사람의 이름을 인식함 12. 옹알이하기 13. 소리 흉내 내기 14. 장난감이나 거울을 보고 소리 내기

연 령	발달이정표
6~12개월	15. 리듬에 말소리를 내어 반응함 16. 단어와 비슷한 소리 내기 17. "엄마", "아빠"와 비슷한 소리 내기 18. 혼자 있을 때 장난스러운 소리 내기 19. 간단한 소리나 운율을 즐김 20. "안 돼" 또는 "앉아"와 같은 하나 혹은 두 개의 단어를 이해하거나 반응함
1~1.5세	21. 10개 정도의 단어를 사용함 22. 말을 흉내 내기 23. 억양을 사용하여 말하기 24. 단어 하나를 사용하여 요청하기 25. 얼굴의 한 부분과 몸의 부분 몇 개를 알기 26. 간단한 지시에 따르기 27. 두 단어를 사용하여 말하기
1.5~2세	28. 문장 형태의 말을 흉내 내기 29. 자기 이름을 말할 줄 알고 자기를 "나"라는 대명사로 표현하기 30. 50~300개 단어를 인식하기 31. 얼굴의 각 부분을 인식하기 32. 옷의 각 부분의 이름을 알기 33. 보다 복잡한 지시에 따르기
2~3세	34. 복수형 단어 사용하기 35. 도움을 요청하기 : "주스 먹고 싶어요" 36. 물건의 기능을 설명할 줄 알기 37. 크기, 모양, 색깔로 물건이 분류되는 것을 알기 38. 그림 속의 물건 이름 대기 39. 복잡한 지시에 따르기 40. '무엇', '어디', '언제'를 사용하여 질문하기 41. 3~4개의 단어로 이루어진 문장 사용하기
3~4세	42. 성과 이름 말하기 43. 유아원에서 배운 노래, 동시 외우기 44. '텅 빈'과 '꽉 찬' 같은 비교 단어 사용하기 45. 간단한 문장으로 이야기하기 46. 기본적인 정보 이해하기

연 령	발달이정표
4~5세	47. '왜', '어떻게'를 사용하여 질문하기 48. 하루 일과에 관해 이야기하기를 좋아함 49. 몸의 거의 모든 부분의 이름 대기 50. 그림 이야기를 순서대로 맞추기 51. '그의', '그녀의', '우리의'와 같은 소유격 대명사를 사용하기 52. 기본적인 언어 정보를 이해하기 53. 읽기 기술이 시작됨 54. 보다 발전된 이해력을 보임

출처 : 정보인. 유은영. 2002; Goldberg, 1997.

3) 놀이와 정서발달

힘들거나 기쁜 일들의 감정을 마음대로 표출할 수 있어 어린이들의 정서발달을 도울 수 있다. 즉 내적으로 받는 억압이나 스트레스를 놀이를 통해 마음껏 발산할 수 있다. 놀이를 통해 얻게 되는 정서발달은 다음과 같다.

|사진 3-3| 감정을 표현하는 유아

- 놀이를 하면서 감정을 통제하는 방법을 배워 갈등 상황을 잘 극복해 나갈 수 있을 뿐 아니라 친구들의 다양한 정서 표현방법을 관찰하여 동일한 정서가 다르게 표현될 수 있음을 알게 된다.
- 놀이 상황에서는 자신이 가진 부정적 정서 즉, 공포, 갈등, 감정, 불안, 공격성, 적대감 등을 투사할 수 있다.
- 놀이를 통해 다양한 상황과 대상에 따라 세련된 방식으로 정서를 표현해 보고 동시에 통제하는 방법을 배울 수 있고, 놀이 중에 나타나는 또래들의 정서 표현방식을 관찰할 기회를 주며 다른 사람의 정서에 감정이입을 할 수 있다.

4) 놀이와 사회성 발달

모든 사회생활에는 정해진 규칙이 있다. 놀이에도 마찬가지다. 까꿍놀이와 같이 단순한 부모와 영아의 놀이에서도 차례를 지키는 규칙이 필요하다. 사회극놀이에서의 규칙은 훨씬 더 복잡하다. 놀이를 통해 얻게 되는 사회성 발달은 다음과 같다.

- 출생 초기에는 부모와 놀이를 하면서 부모에게 친밀감을 갖게 되고 애착관계를 형성한다.
- 친구와 놀이를 하면서 다른 사람과 더불어 살아가는 데 필요한 사회적 능력, 즉 질서 지키기, 협동하기, 놀잇감 공유하기 등을 배운다. 놀이는 사회적 기술을 획득할 수 있게 한다. 높은 수준의 사회극놀이를 하는 어린이는 또래에게 보다 긍정적인 사회적 행동을 나타낸다.
- 놀이 경험을 통해서 주변 사회에 대한 관심, 이해, 지식을 높일 수 있다.
- Piaget와 그의 동료들의 연구는 유아가 모든 형태의 조망 수용에 어려움을 겪는다고 보고하고 있다. 조망 수용은 다른 사람의 관점에서 사물을 볼 수 있는 능력으로 이것은 다른 사람이 무엇을 보고, 느끼는지에 관해 이해하는 것을 의미한다. 조망 수용 능력은 사회성과 도덕성 발달, 사회적 능력에 중요한 역할을 한다. 사회극놀이와 같은 것은 유아의 조망 수용 능력과 사회적 능력 발달에 중요한 역할을 한다. 유아는 다양한 상황에서 아기, 부모, 조부모, 소방관, 영웅적인 인물의 역할을 맡을 수 있다.

|사진 3-4| **친구들과 함께 어울려 놀이하는 모습**

|표 3-3| **골드버그 발달이정표(사회성 발달)**

연 령	발달이정표
0~3개월	1. 안아 주면 꽉 껴안음 2. 사람의 음성에 반응함 3. 사람 보고 미소 지음
3~6개월	4. 즐거움을 표현함 5. 사회적 상호작용을 시작함 6. 좋고 싫음을 몸짓으로 표현함
6~12개월	7. 낯선 사람에 대해 적절히 반응함 8. 거울 보고 좋아함 9. 까꿍놀이를 함 10. 선호하는 사람, 물건, 장소를 표현함 11. 컵으로 마시기 12. 칭찬에 반응하기
1~1.5세	13. 일상의 정해진 생활 패턴, 의식을 즐김 14. 간단한 지시 따르기 15. 옛날 이야기 즐기기 16. 집안일 거들기 17. 운율과 노래에 맞춰 즐기기 18. 집안일을 시작하기 19. 혼자 옷 벗기
1.5~2세	20. 다른 사람 행동을 따라하기 21. 혼자 하는 놀이 – 색칠하기, 만들기, 책 보기 22. 단순한 게임을 하며 놀기 23. 옷 입기를 시도하기 24. 다른 아이들과 섞여서 혼자 놀기
2~3세	25. 물건에 대한 소유욕과 그것에 대해 애착을 가짐 26. 변화를 거부하고 원래 해 오던 방식을 고집함 27. 자기가 한 일에 자부심을 갖고 남의 도움을 거부함 28. 도움을 받아 옷 입기

연 령	발달이정표
3~4세	29. 여럿이 같이 놀기(단체 놀이) 30. 혼자 옷 입기 31. 도움을 받아 목욕하기
4~5세	32. 연극이나 창조적인 놀이하기 33. 다른 아이들과 상호 협동하여 놀기

출처 : 정보인. 유은영. 2002; Goldberg, 1997.

5) 놀이와 신체발달

놀이는 어린이들의 근육을 발달시키고 자기 몸에 대해 인식을 하게 해 준다. 영아기의 아기들은 손과 눈의 협응이 잘 이루어져 일상생활에 필요한 여러 가지 행동을 할 수 있다. 숟가락, 젓가락의 사용과 혼자 옷을 입고 벗는 행위가 그 예다.

2세가 되면 블록을 6~7층씩 쌓을 수 있다. 유리잔을 혼자 잡을 수 있고 크레용으로 선을 그릴 수 있게 된다. 3세에는 던지는 공을 받으며 옷의 단추를 풀고 신발을 신을 수 있으며, 4세가 되면 혼자 옷을 입고 벗고 가위를 가지고 종이에 그려진 선을 따라 자를 수 있다. 5세 때는 단추를 잘 채울 수 있다.

|사진 3-5| 2세아의 크레용으로 선긋기

|사진 3-6| 2세아의 블록 쌓기

|사진 3-7| 2세아의 신체 활동

Hurlock(1978)에 의하면 어린이들은 모험심이 많아서 새로운 동작을 시도해 보려는 욕구가 높다. 기어오르기, 뛰기, 던지기, 매달리기, 기어가기 등의 대근육 운동능력이 발달된다.

여아는 실내에서 하는 놀이를 즐기나 남아는 밖에서 할 수 있는 놀이를 즐긴다.

신체를 이용한 놀이들은 어린이 류머티즘 관절염, 어린이 동맥경화와 같은 질병 예방도 된다. 활동적인 놀이는 신체의 유연성을 주고 근육을 강화시켜 준다(Majure, 1995).

|표 3-4| **골드버그 발달이정표(신체발달)**

연 령	발달이정표
0~3개월	1. 팔과 다리는 구부리고, 손가락은 움켜 쥐기 2. 움직이는 물건 주시하기 3. 엎드려서 머리와 가슴 들기 4. 상체를 드는 동안 머리 들고 있기(머리 가누기)
3~6개월	5. 동시에 물체를 보고 손을 뻗어 잡기 6. 손으로 지지하고 앉기 7. 바로 누운 자세에서 엎드린 자세로 뒤집기
6~12개월	8. 한 손에서 다른 손으로 물건 옮기기 9. 앞뒤로 배밀이하기 10. 잡고 서기 11. 지지 없이 앉아서 손 뻗기 12. 그릇에 물건 넣기 13. 두 손을 몸 중앙으로 함께 가져오기 14. 엄지와 집게로 물건 잡기 15. 다른 사람에게 물건 건네주기 16. 네 발로 기기 17. 네 발로 기어서 계단 오르기 18. 물건을 굴리거나 밀기 19. 가구 잡고 걷기 20. 걷기
1~1.5세	21. 블록 2개 쌓기 22. 낙서를 시작함 23. 물건 던지기를 시작함 24. 네 발로 기어서 계단 내려가기

연 령	발달이정표
1.5~2세	25. 손잡이 돌리기(문고리 돌리기) 26. 블록 6개 쌓기 27. 장난감 밀고당기기 28. 공 차기 29. 달리기를 시작함 30. 걸어서 계단 오르내리기 31. 뛰기(jumps)
2~3세	32. 우세손(잘 쓰는 손)이 확립되기 시작함 33. 블록 8개 쌓기 34. 머리 위로 공 던지기 35. 어른용 의자에 기어오르고 내리기 36. 놀이기구에 기어오르기 37. 세발자전거 타기 38. 발을 번갈아가며 계단 내려오기 39. 양손 사용해서 놀이하기 40. 발을 번갈아가며 계단 내려오기
3~4세	41. 자르고 붙이기 42. 끈 묶기 43. 큰 구슬을 실에 꿰기 44. 낙서를 하거나 그림 그리기 45. 한 발로 뛰기
4~5세	46. 선 따라 가위로 자르기 47. '가나다라' 쓰기 48. 10 이상의 숫자 쓰기 49. 이름 쓰기 50. 단추 채우기, 허리띠 채우기, 신발 끈 묶기 51. 공 잡기 52. 선 안에 색칠하기/퍼즐 맞추기 53. 난간을 잡지 않고 계단 오르기 54. 발을 번갈아서 건너뛰기 55. 두발자전거, 롤러스케이트, 재주 넘기 배우기

출처 : 정보인, 유은영, 2002; Goldberg, 1997.

6) 놀이와 창의성 발달

어린이들은 놀이 속에서 새롭고 독특한 아이디어를 생각할 기회가 많기 때문에 놀이는 어린이의 독창성을 발달시킨다. 또 창의력은 놀이의 문제 해결 능력으로 볼 수 있다. 어린이들은 놀이를 할 때 상상력을 발휘해 볼수록 창의력은 더 많아지고 학교 과제를 더 잘 수행할 수 있으며 문제 해결 능력도 발달된다(Danky, 1980; Dansky & Silverman, 1973; Pepler & Ross, 1981; Singer, 1977; Sutton-Smith, 1986). 놀이를 통해 얻게 되는 창의성 발달은 다음과 같다.

- 놀이를 통해 다각적인 탐색을 하게 되어 융통성 있게 사고하는 능력이 발달된다.
- 놀이 가운데 '~인 척하는' 가작화 요소가 내포된 상상놀이를 하면서 상상력이 발달된다.
- 놀이 중에 새롭고 독특한 아이디어를 생각할 기회가 많아 독창성이 발달된다.

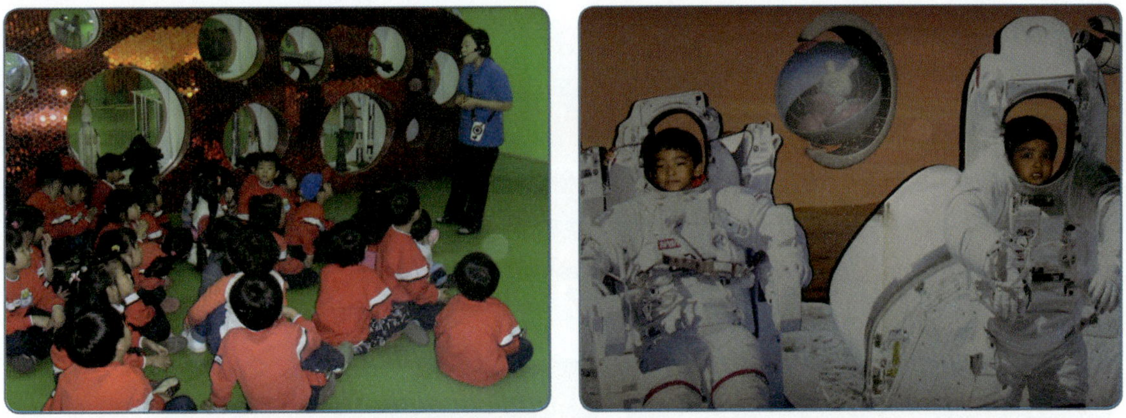

|사진 3-8| **우주체험 놀이**

2. 연령별 놀이발달

영유아의 연령에 따른 놀이 특징(Hughes, 1995; 이숙재, 2001; 오연주 외 재인용)을 정리하였다.

1) 0세아의 신체놀이 발달

0세아는 신체 감각을 중심으로 놀이활동을 한다. 출생에서 6개월까지는 행동에 숙달되는 즐거움을 위하여 반복, 모든 것을 입으로 탐색, 오감자극 놀이가 이루어지고, 7~12개월은 서서 밀고당기는 놀이, 꺼내기, 채우기, 끼우기 등 간단한 조작놀이 등이 이루어진다.

▶ 교사 및 성인의 역할

- 영아의 발달 수준과 경험을 바탕으로 활동을 제공하고 점진적으로 다음 단계로 진행되도록 도와준다.
- 신체놀이에 적합한 놀잇감을 제공해 준다.
- 영아의 놀이를 관찰하면서 적절한 시기에 개입한다.
- 영아가 어려워하는 신체놀이는 시범을 보이도록 한다.
- 영아의 안전을 위하여 놀이 환경에 대한 점검을 철저히 해야 한다.

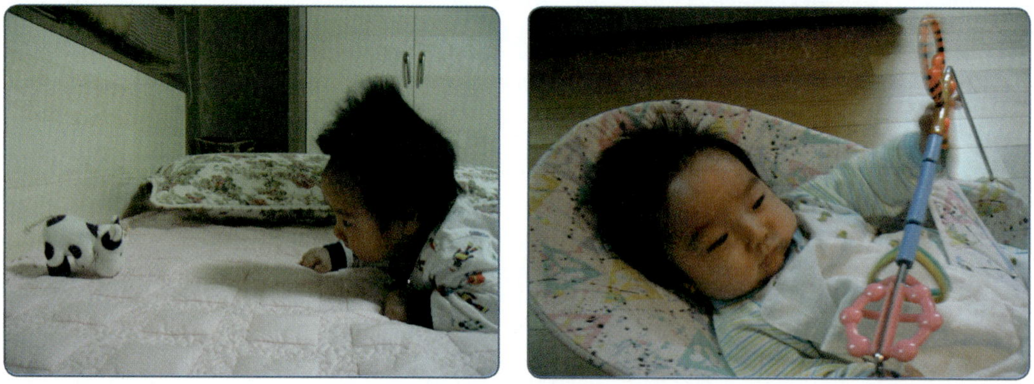

|사진 3-9| 오감자극 놀이

2) 1세아의 놀이발달

1세아는 여전히 감각운동적 놀이를 하나 부모가 주도하는 놀이에 참여하거나 단순한 모방활동이 이루어진다.

▶ 1세아의 놀이 종류와 놀이활동

- 운동놀이 : 대근육 운동놀이, 조작놀이
- 감각운동 놀이 : 듣기, 만지기, 휘젓기, 두드리기
- 역할놀이 : 단순 모방활동
- 부모와의 놀이 : 부모가 주관하는 놀이

|사진 3-10| 만지고 조작하기

▶ 교사 및 성인의 역할

- 밀거나 끌거나 당기는 등의 신체를 사용할 수 있는 놀잇감을 제공한다.
- 같은 모양끼리 놓아 보거나 구멍에 넣는 놀잇감을 제공한다.
- 소형 스펀지나 종이벽돌 블록 같은 것을 늘어놓게 하거나 쌓아보도록 격려한다.
- 영아의 놀이에 적절히 개입하며 물체에 대한 흥미를 느끼는 것을 격려하되 강요하지 않는다.
- 영아가 주의를 끌기 위해 하는 행동이 무엇인지 알고 가능하면 빨리 영아의 행동에 반응한다.
- 영아가 자신의 놀잇감을 가지고 놀지만 다른 영아와 가까이 앉을 수 있도록 공간을 준비해 주도록 한다.
- 영아가 혼자 할 수 없는 일에 도움을 준다.

3) 2세아의 놀이발달

2세아는 1세아에 비해 좀 더 발전된 형태의 운동, 감각적 놀이를 하고 소근육의 조절이 더 필요한 놀이가 발달되기 시작한다. 사회적 놀이에도 관심이 생기기 시작한다.

▶ 2세아의 놀이 종류와 놀이활동

- 운동놀이 : 낮은 층계 오르기, 끄는 놀이
- 감각운동 놀이 : 밀가루 반죽 등 감각 탐색놀이
- 조작놀이 : 눈과 손의 협응력 발달놀이
- 쌓기놀이 : 블록 옮기기, 늘어놓기, 쌓기
- 역할놀이 : 일상생활 경험 중심 단순 역할놀이
- 사회적 놀이 : 관심은 있으나 상호작용은 잘 안 됨

▶ 교사 및 성인의 역할

- 기어오르기를 위한 안전한 자료를 안전한 높이에 제공한다.
- 만져 볼 수 있는 다양한 촉감의 놀잇감을 제공하고 질감과 이름을 말해 주도록 한다.
- 협동할 수 있고 공유하는 놀잇감을 제공하고 다른 영아와 공유하는 행동을 할 때 칭찬해 주고 나누는 이유를 설명해 준다.
- 다른 영아와 가까이 놀 수 있도록 지도한다.
- 놀잇감을 자신의 일부처럼 생각하여 소유욕이 강하므로 분노나 부정적 감정을 부적절하게 표현할 때 긍정적으로 표현하도록 격려한다.
- 그림이나 모양이 비슷한 것을 모아 보게 하고 영아 스스로 분류한 것에 대해 설명을 들어준다.
- 사물의 명칭에 따른 분류를 시작하므로 분류를 해 보고 분명히 해 준다.
- 시간에 관련된 것도 말로 해 준다.
- 이야기의 맥락을 관찰하고 필요하다면 의미를 물어 본다.
- 그림책을 소리 내어 읽어 주고 억양을 잘 넣어 표현하여 영아가 모방하게 한다.
- 일상 놀이 경험을 통해 새로운 사물의 개념을 형성하고 이전 경험을 확장시키는 기회를 제공한다.

|사진 3–11| 2세아 감각탐색 놀이

4) 3세아의 놀이발달

3세아는 흥미 영역에 적응해 나가기 시작하며 2세아에 비해 놀이활동이 좀 더 세련되고 활발해지기 시작하나, 아직 큰 유아들처럼 매우 활동적이지는 않다. 친구들과의 상호작용하는 놀이도 아직은 많이 나타나지 않는다.

[사진 3-12] 가정 관련 역할놀이

▶ 3세아의 놀이 종류와 놀이활동

- 운동놀이 : 기초적 운동놀이, 세발자전거 타기
- 조작놀이 : 소근육 조절활동, 구슬 꿰기, 퍼즐 맞추기, 지퍼 올리기, 찍찍이 붙이기
- 쌓기놀이 : 블록으로 폐쇄된 공간, 다리 만들기
- 미술놀이 : 가위로 오리기
- 언어놀이 : 우스운 소리, 말놀이, 동화책에 관심
- 역할놀이 : 엄마, 아빠, 가정 관련 역할놀이
- 사회적 놀이 : 혼자놀이, 병행놀이

5) 4세아의 놀이발달

4세아는 흥미 영역을 통한 놀이활동에 주도적 · 적극적으로 참여하며 양적 · 질적으로 발달한 놀이 형태를 보인다. 친구들끼리 상호작용도 활발하게 이루어진다. 4세아의 놀이 종류와 놀이활동을 살펴보았다.

▶ 4세아의 놀이 종류와 놀이활동

- 운동놀이 : 대근육 운동놀이, 모험놀이, 정글짐
- 수조작 놀이 : 학습관 연관된 분류놀이, 수놀이, 퍼즐 맞추기

|사진 3-13| 4세아의 모험놀이

- 쌓기놀이 : 블록으로 폐쇄 공간과 다리 혼합 구조물, 극놀이 사용
- 미술놀이 : 다양한 재료로 사람 형태 꾸미기
- 언어놀이 : 우스갯소리, 수수께끼
- 역할놀이 : 양적 · 질적으로 발달한 놀이, 병원놀이, 가게놀이 계획
- 사회적 놀이 : 연합놀이

6) 5세아의 놀이발달

5세아는 흥미 영역에 제공된 놀이활동에 매우 적극적 · 주도적으로 참여한다. 친구들끼리의 협동적 상호작용도 매우 활발하게 일어나며 사전에 놀이 계획을 하고 놀잇감의 사용에도 익숙하고 능숙한 모습을 보인다. 5세아의 놀이 종류와 놀이활동을 정리하면 다음과 같다.

▶ 5세아의 놀이 종류와 놀이활동

- 운동놀이 : 운동기술 시험, 스키핑, 계단에서 뛰어 내리기
- 수조작놀이 : 다양한 퍼즐, 두 가지 속성 분류, 간단한 바느질
- 쌓기놀이 : 계획된 구조물, 구조물의 세부 장식, 균형, 패턴
- 미술놀이 : 다양한 재료로 사람, 동물, 식물, 집, 입체 조형물 표현
- 언어놀이 : 동화책 보기, 유아 자신이 동화 동요를 지어서 다른 사람에게 들려 줌, 끝

|사진 3-14| 원만한 상호작용을 통해 연극을 준비하는 5세아의 모습

|사진 3-15| 함께 협동하여 큰 원을 만드는 5세아의 모습

|사진 3-16| 과학탐구 놀이 모습

|사진 3-17| 운동기술 시험

말잇기, 수수께끼

- 과학탐구놀이 : 호기심을 갖고 사물이나 자연 관찰, 실험놀이
- 역할놀이 : 사전계획 놀이, 놀이 내용 다양, 놀잇감 다양
- 사회적 놀이 : 원만하게 상호작용, 협동놀이
- 게임 : 주사위 게임, 바둑판 게임, 숨바꼭질, 닭싸움
- 목공놀이 : 목공 연장 사용, 단순한 작품

발달 및 연령에 따른 자유선택 영역별 놀이를 살펴볼 수 있다.

|사진 3-18| 만 5세 과학영역

|사진 3-19| 만 4세 조형(미술)영역

|사진 3-20| 만 5세 쌓기(블럭)영역

|사진 3-21| 만 3세 역할영역

|사진 3-22| 만 5세 수, 조작영역

|사진 3-23| 만 3세 쌓기(블럭)영역

|사진 3-24| 만 4세 음률영역

|사진 3-25| 만 5세 역할영역

3. 영유아 놀이발달 단계

영유아들의 놀이는 단계를 거쳐서 발달해 나간다. Parten의 놀이발달 단계와 Piaget의 인지 발달적 측면의 놀이 단계를 살펴보도록 한다(윤애희, 2006).

1) Parten의 놀이발달 단계

(1) 비참여 행동(0~1.5세)

비참여 행동은 말 그대로 놀이로 볼 수 없는 행동이다. 순간적인 흥미에 따라 어떤 것을 몰두해서 바라볼 뿐 특별한 목적이 없다. 유아가 놀이에 흥미가 없을 때나 기분이 좋지 않을 때, 또는 또래 관계가 원만하지 않을 때 나타날 수 있다.

(2) 방관자적 행동(1.5~2세)

유아는 다른 유아들이 노는 것을 구경꾼처럼 지켜보며 대부분의 시간을 보낸다. 방관자적 행동은 그때그때 생기는 흥미로운 사건을 쳐다보는 것이 아니라 관찰하고 있다는 점에서 비참여 행동과 다르다. 유아들 근처에서 말을 걸거나 질문을 하지만 유아 자신이 그 놀이에 참여하지는 않는다.

|사진 3-18| 단독놀이에 몰두해 있는 모습

|사진 3-19| 병행놀이 활동

(3) 단독놀이(2~2.5세)

다른 유아 가까이에 앉아서 다른 놀잇감을 갖고 혼자 노는 놀이이다. 다른 유아가 옆에서 놀아도 별 관심을 가지지 않으며 자신의 놀이에만 몰두한다. 단독놀이의 경험은 문제해결 기술과 자기 통제에 대한 신뢰감 형성을 돕게 된다.

(4) 병행놀이(2.5~3.5세)

병행놀이는 주변의 다른 친구들과 동일한 놀이를 하지만 서로 접촉하거나 간섭하지 않고 혼자서 놀이하는 집단놀이의 한 형태이다. 즉, 다른 친구들과 같은 놀잇감을 가지고 놀지만 자기가 하고 싶은 놀이를 하면서 노는 것이다.

(5) 연합놀이(3.5~4.5세)

연합놀이는 다른 유아와 함께 노는 집단놀이의 일종으로 놀이 내용에 대해 이야기를 주고받거나 놀잇감을 빌려주기는 하나, 역할을 분담하거나 놀이 내용이 조직적으로 전개되지는 않는다. 폭넓은 의사소통이 이루어진다는 점에서 보다 사회성이 발달된 놀이 유형으로 정의할 수 있다.

(6) 협동놀이(4.5세 이후)

협동놀이는 블록으로 어떤 구조물이나 물건 등을 만들기 위해서 또는 경쟁에서 이기기 위해서 또는 성인들의 생활을 극화하기 위해서 또는 규칙 있는 게임을 하기 위해서 조직된 집단에서 이루어지게 된다. 한두 명의 유아가 지휘권을 갖고 역할을 서로 분담하여 공동의 목표를 달성하기 위해 진행하는 조직적인 놀이이다.

2) Piaget의 인지발달적 측면의 놀이 단계

(1) 연습놀이

연습놀이는 감각운동기(0~2세)에 주로 나타나는 놀이 유형이다. 이 시기의 유아는 전에 경험해 본 행동을 반복하면서 즐거워한다. 예를 들면, 유모차 앞에 달린 장난감을 눌러서 소리가 나면 그 행동을 계속 반복하는 것 등이다.

(2) 상징놀이

상징놀이는 전조작기(2~7세)의 유아에게서 주로 나타나는 놀이 유형으로 2세경부터 나타난다. 상징놀이는 유아들이 사물이나 행동, 역할 등을 실제와 다르게 가작화하여 '~인 체', '~인 척'하며 놀이하는 것이다.

(3) 규칙 있는 게임

구체적 조작기(7~11세)에 들어서면서부터 나타나는 놀이 유형으로 놀이 발달의 최고 수준의 놀이이다. 구체적 조작 단계의 유아들은 놀이에 규칙을 만들어서 규칙 있는 게임의 형태로 놀이하게 된다. 규칙 있는 게임은 게임에 포함되는 규칙의 의미를 이해하고 내면화할 수 있는 인지 수준을 요구하므로 대부분의 유아들이 적어도 구체적 조작 단계에 들어서 있어야 가능하게 된다.

|사진 3-20| 규칙을 가지고 놀이하는 유아들

Chapter 4 놀이와 교육과정

2013년부터 새로 개정되어 실시되는 유치원과 어린이집 아이들의 공통된 교육과정인 누리과정과 표준보육과정을 소개하고자 한다. 아이들 활동의 기본은 놀이를 통해 이루어진다. 따라서 유아교육기관에서 아이들과 함께 놀이활동을 계획하고 실행하기 위해서는 누리과정을 이해하는 것이 필요하다.

본 내용은 교육과학기술부와 보건복지부가 주최하고 육아정책연구소의 자료집을 활용하여 작성한 것이다.

1. 표준보육과정

보건복지부는 영유아교육법 시행규칙 제30조에 의거하여 제3차 어린이집 표준보육과정을 고시하였다(2013.1.21.).

국가수준의 어린이집 표준보육과정을 시행함으로써 영유아의 전인적 발달과 우리 문화에 적합한 내용을 일관성 있고 연계적으로 실천하며 궁극적으로 사회에서 추구하는 인간상을 구현하고 전국 어린이집의 질적 수준을 높이는데 기여하고자 하였다.

0~1세 보육과정, 2세 보육과정으로 6개 영역의 국가수준의 보육과정을 제시하였다.

1) 0~1세 보육과정의 영역별 목표 및 세부내용

(1) 기본생활

건강하고 안전한 일상생활을 경험한다.

① 건강하고 편안한 일상생활을 경험한다.

② 안전한 생활을 경험한다.

<table>
<tr><th>내용범주</th><th>내용</th><th>1수준</th><th>2수준</th><th>3수준</th><th>4수준</th></tr>
<tr><td rowspan="10">건강하게 생활하기</td><td rowspan="3">몸을 깨끗이 하기</td><td colspan="4">몸이 깨끗해졌을 때 기분이 좋음을 안다.</td></tr>
<tr><td colspan="4">도움을 받아 손을 씻는다.</td></tr>
<tr><td></td><td colspan="3">도움을 받아 이를 닦는다.</td></tr>
<tr><td rowspan="3">즐겁게 먹기</td><td>편안하게 안겨서 우유(모유)를 먹는다.</td><td>이유식에 적응한다.</td><td>고형식에 적응한다.</td><td>다양한 음식을 먹어본다.</td></tr>
<tr><td colspan="2"></td><td colspan="2">도구로 음식을 먹어 본다.</td></tr>
<tr><td colspan="4">즐겁게 먹는다.</td></tr>
<tr><td rowspan="4">건강한 일상생활하기</td><td colspan="4">수면을 충분히 취한다.</td></tr>
<tr><td colspan="4">편안하게 쉰다.</td></tr>
<tr><td colspan="4">하루 일과에 편안하게 참여한다.</td></tr>
<tr><td colspan="2"></td><td colspan="2">배변 의사를 표현한다.</td></tr>
<tr><td rowspan="4">안전하게 생활하기</td><td rowspan="3">안전하게 지내기</td><td colspan="3">안전한 상황에서 놀이한다.</td><td>놀잇감을 안전하게 사용한다.</td></tr>
<tr><td colspan="4">안전한 장소에서 놀이한다.</td></tr>
<tr><td colspan="4">차량 승하차 시 안전 장구를 착용한다.</td></tr>
<tr><td>위험한 상황에 반응하기</td><td></td><td>위험하다는 말에 반응을 보인다.</td><td colspan="2">위험하다고 알려주면 주의한다.</td></tr>
</table>

(2) 신체운동

감각 및 기본 신체운동 능력을 기른다.

① 감각기능을 발달시키고 자신의 신체를 탐색한다.
② 대소근육을 조절하고 걷기 등의 능력을 기른다.
③ 규칙적으로 신체활동에 참여한다.

<table>
<tr><th>내용범주</th><th>내용</th><th>1수준</th><th>2수준</th><th>3수준</th><th>4수준</th></tr>
<tr><td rowspan="4">감각과 신체 인식하기</td><td rowspan="2">감각적 자극에 반응하기</td><td colspan="4">시각, 청각, 촉각, 후각, 미각으로 자극을 느낀다.</td></tr>
<tr><td colspan="4">시각, 청각, 촉각, 후각, 미각으로 자극에 반응한다.</td></tr>
<tr><td>감각기관으로 탐색하기</td><td colspan="4">감각기관으로 주변 환경을 탐색한다.</td></tr>
<tr><td>신체 탐색하기</td><td>손과 발 등을 바라보며 탐색한다.</td><td colspan="3">주요 신체 부분의 움직임을 탐색한다.</td></tr>
<tr><td rowspan="5">신체 조절과 기본운동 하기</td><td>신체 균형잡기</td><td>몸의 균형을 잡기 위한 자세를 시도한다.</td><td>붙잡고 서 있기 등의 자세를 취한다.</td><td colspan="2">안정되게 서 있기 등의 자세를 시도한다.</td></tr>
<tr><td>대근육 조절 하기</td><td>뒤집기 등 몸을 조절하여 위치를 바꾼다.</td><td colspan="3">누웠다 앉기 등 몸의 움직임을 조절한다.</td></tr>
<tr><td>소근육 조절 하기</td><td>보이는 물체에 손을 뻗는다.</td><td colspan="3">눈과 손을 협응하여 소근육을 활용해 본다.</td></tr>
<tr><td rowspan="2">기본 운동하기</td><td>배밀이 등 이동운동을 시도한다.</td><td>기기, 걷기 등 이동운동을 시도한다.</td><td colspan="2">걷기 등 이동운동을 시도한다.</td></tr>
<tr><td colspan="2">팔 다리 뻗기, 흔들기 등 제자리 운동을 시도한다.</td><td colspan="2">서 있기, 앉기 등 제자리 운동을 시도한다.</td></tr>
<tr><td rowspan="3">신체 활동에 참여하기</td><td>몸 움직임 즐기기</td><td colspan="2">몸을 활발히 움직인다.</td><td colspan="2">몸의 움직임을 다양하게 시도한다.</td></tr>
<tr><td>바깥에서 신체 움직이기</td><td colspan="2">규칙적으로 바깥환경을 경험한다.</td><td colspan="2">규칙적으로 바깥에서 신체활동을 한다.</td></tr>
<tr><td>기구를 이용하여 신체활동 시도하기</td><td></td><td colspan="3">간단한 기구를 이용하여 신체활동을 시도한다.</td></tr>
</table>

(3) 의사소통

말소리를 구분하고 의사소통의 기초를 마련한다.

① 주변의 소리와 말소리 듣기에 관심을 보인다.
② 표정, 소리, 몸짓으로 자신의 생각과 느낌을 표현한다.
③ 짧은 그림책이나 친숙한 환경 인쇄물에 관심을 가진다.
④ 끼적이기에 관심을 가진다.

<table>
<tr><th>내용범주</th><th>내용</th><th>1수준</th><th>2수준</th><th>3수준</th><th>4수준</th></tr>
<tr><td rowspan="7">듣기</td><td rowspan="3">주변의 소리와 말소리 구분하여 듣기</td><td colspan="3">여러 가지 소리와 말소리 듣기에 흥미를 보인다.</td><td>친숙한 낱말의 발음에 흥미를 보인다.</td></tr>
<tr><td colspan="4">익숙한 목소리를 듣고 그것에 반응한다.</td></tr>
<tr><td colspan="2"></td><td colspan="2">높낮이와 세기 등 말소리의 차이에 반응한다.</td></tr>
<tr><td rowspan="2">경험과 관련된 말 듣고 알기</td><td colspan="4">눈 앞에 보이는 경험과 관련된 말에 반응한다.</td></tr>
<tr><td></td><td colspan="3">자신의 이름이 불리면 듣고 반응한다.</td></tr>
<tr><td>운율이 있는 말 듣기</td><td colspan="4">운율이 있는 짧은 말소리를 관심 있게 듣는다.</td></tr>
<tr><td>말하는 사람을 보기</td><td colspan="2">말하는 사람의 눈을 마주 바라본다.</td><td colspan="2">말하는 사람의 표정, 몸짓을 관심 있게 본다.</td></tr>
<tr><td rowspan="6">말하기</td><td rowspan="3">발성과 발음으로 소리내기</td><td colspan="2" rowspan="2">여러 가지 소리를 내고 옹알이를 한다.</td><td colspan="2">여러 말소리를 즐겁게 내 본다.</td></tr>
<tr><td colspan="2">의미 있는 음절을 내 본다.</td></tr>
<tr><td colspan="2">옹알이와 말소리에 대해 말로 반응해 주면 모방하여 소리 낸다.</td><td colspan="2">교사의 말을 모방하여 발음한다.</td></tr>
<tr><td>표정, 몸짓, 말소리로 말하기</td><td>표정과 소리로 의사표현을 한다.</td><td>표정, 몸짓, 소리로 의사표현을 한다.</td><td colspan="2">표정, 몸짓, 말소리로 의사표현을 한다.</td></tr>
<tr><td>말할 순서 구별하기</td><td colspan="4">말할 순서에 따라 표정, 몸짓, 말소리로 반응한다.</td></tr>
</table>

<table>
<tr><th>내용범주</th><th>내용</th><th>1수준</th><th>2수준</th><th>3수준</th><th>4수준</th></tr>
<tr><td rowspan="3">읽기</td><td rowspan="3">그림책과 환경 인쇄물에 관심 가지기</td><td colspan="4">다양한 감각 책을 탐색해 본다.</td></tr>
<tr><td colspan="2"></td><td colspan="2">사물과 주변의 친숙한 환경 인쇄물에 관심을 가진다.</td></tr>
<tr><td colspan="4">읽어주는 짧은 그림책에 관심을 가진다.</td></tr>
<tr><td>쓰기</td><td>끼적이기</td><td></td><td colspan="3">끼적이기에 관심을 가진다.</td></tr>
</table>

(4) 사회관계

친숙한 사람과 관계를 형성한다.

① 자신과 다른 사람을 구별된 존재로 인식한다.
② 기본 정서를 표현하고 다른 사람의 감정에 주의를 기울인다.
③ 안정적인 애착을 형성하고 또래나 교사와 함께 지낸다.

<table>
<tr><th>내용범주</th><th>내용</th><th>1수준</th><th>2수준</th><th>3수준</th><th>4수준</th></tr>
<tr><td rowspan="3">나를 알고 존중하기</td><td>나를 구별하기</td><td colspan="2">거울 속의 나에게 관심을 가진다.</td><td colspan="2">거울 속의 나를 알아본다.</td></tr>
<tr><td rowspan="2">나의 것 인식하기</td><td colspan="4">자기 이름을 부르는 소리에 반응한다.</td></tr>
<tr><td colspan="2"></td><td colspan="2">친숙한 자기 물건을 안다.</td></tr>
<tr><td rowspan="2">나와 다른 사람의 감정 알기</td><td>나의 감정을 나타내기</td><td colspan="4">나의 욕구와 감정을 나타낸다.</td></tr>
<tr><td>다른 사람에게 주의 기울이기</td><td colspan="2">다른 사람의 말과 표정, 몸짓에 주의를 기울인다.</td><td colspan="2">다른 사람이 나타내는 여러 가지 감정에 주의를 기울인다.</td></tr>
<tr><td rowspan="6">더불어 생활하기</td><td rowspan="2">안정적인 애착형성하기</td><td>양육자와 시선을 맞춘다.</td><td colspan="3">양육자에게 적극적으로 관심과 욕구를 표현한다.</td></tr>
<tr><td colspan="2">주변의 친숙한 사람의 얼굴과 목소리를 인식한다.</td><td colspan="2">주변의 친숙한 사람에게 애정을 표현한다.</td></tr>
<tr><td>또래에 관심갖기</td><td colspan="4">다른 영아와 함께 지내는 것을 경험한다.</td></tr>
<tr><td>자신이 속한 집단 알기</td><td colspan="2">담임교사를 구별한다.</td><td colspan="2">자기 반에서 지내며 안정감을 가진다.</td></tr>
<tr><td rowspan="2">사회적 가치를 알기</td><td colspan="2"></td><td colspan="2">친숙한 물건의 자리를 안다.</td></tr>
<tr><td colspan="4">만나고 헤어지는 인사를 해 본다.</td></tr>
</table>

(5) 예술경험

아름다움에 관심을 가진다.

① 자신의 신체와 주변의 감각 자극에 호기심을 가지고 반응한다.
② 소리와 움직임으로 반응하고, 단순한 미술을 경험하며, 모방 행동을 즐긴다.
③ 친근한 소리나 노래를 즐겨 듣고, 자연물, 사물, 주변 환경에 관심을 가진다.

<table>
<tr><th>내용범주</th><th>내용</th><th>1수준</th><th>2수준</th><th>3수준</th><th>4수준</th></tr>
<tr><td rowspan="2">아름다움 찾아보기</td><td rowspan="2">예술적 요소에 호기심 가지기</td><td colspan="4">주변의 소리와 움직임에 호기심을 가진다.</td></tr>
<tr><td colspan="4">주변 환경에서 색, 모양에 호기심을 가진다.</td></tr>
<tr><td rowspan="6">예술적 표현하기</td><td rowspan="2">리듬 있는 소리로 반응하기</td><td colspan="2">리듬 있는 소리에 관심을 가진다.</td><td colspan="2">노래를 부분적으로 따라 부른다.</td></tr>
<tr><td colspan="2">리듬과 노래에 소리로 반응한다.</td><td colspan="2">리듬과 음높이에 맞추어 소리를 낸다.</td></tr>
<tr><td rowspan="2">움직임으로 반응하기</td><td colspan="4">손발 흔들기와 몸 움직임으로 반응한다.</td></tr>
<tr><td colspan="2"></td><td colspan="2">간단한 도구를 활용하여 움직인다.</td></tr>
<tr><td>단순한 미술 경험하기</td><td colspan="2"></td><td colspan="2">감각적으로 단순한 미술경험을 한다.</td></tr>
<tr><td>모방행동 즐기기</td><td colspan="2">소리나 얼굴 표정, 몸 움직임 등을 모방한다.</td><td colspan="2">단순한 모방 행동을 놀이처럼 즐긴다.</td></tr>
<tr><td rowspan="2">예술 감상하기</td><td rowspan="2">아름다움 경험하기</td><td colspan="2">일상생활에서 반복되는 소리와 노래에 관심을 가진다.</td><td colspan="2">일상생활에서 리듬 있는 소리와 노래를 즐겨 듣는다.</td></tr>
<tr><td colspan="4">일상생활에서 자연이나 사물의 아름다움을 경험한다.</td></tr>
</table>

(6) 자연탐구

보고, 듣고, 만지면서 주변 환경에 관심을 가진다.

① 주변 사물에 대한 탐색을 시도한다.
② 주변에서 일어나는 수학적 상황을 지각한다.
③ 감각과 조작을 통하여 주변 사물과 자연환경에 대해 지각한다.

<table>
<tr><th>내용범주</th><th>내용</th><th>1수준</th><th>2수준</th><th>3수준</th><th>4수준</th></tr>
<tr><td rowspan="2">탐구하는 태도 기르기</td><td>사물에 관심 가지기</td><td></td><td colspan="3">주변 사물에 관심을 가진다.</td></tr>
<tr><td>탐색 시도하기</td><td>나와 주변 사물을 감각으로 탐색한다.</td><td colspan="3">주변의 사물에 대해 의도적인 탐색을 시도한다.</td></tr>
<tr><td rowspan="5">수학적 탐구하기</td><td>수량 지각하기</td><td></td><td>있고 없는 상황을 지각한다.</td><td>'있다'와 '없다'를 구별한다.</td><td>'한 개'와 '여러 개'를 구별한다.</td></tr>
<tr><td rowspan="2">주변 공간 탐색하기</td><td></td><td colspan="3">도움을 받아 주변의 공간을 탐색한다.</td></tr>
<tr><td colspan="4">주변 사물의 모양을 지각한다.</td></tr>
<tr><td>차이를 지각하기</td><td colspan="2"></td><td colspan="2">주변 사물의 차이를 지각한다.</td></tr>
<tr><td>간단한 규칙성 지각하기</td><td colspan="2"></td><td colspan="2">일상과 놀이에서 간단한 규칙성을 경험한다.</td></tr>
<tr><td rowspan="5">과학적 탐구하기</td><td>물체와 물질 탐색하기</td><td colspan="4">일상생활 주변의 몇 가지 친숙한 것들을 양육자와 함께 탐색한다.</td></tr>
<tr><td>주변 동식물에 관심 가지기</td><td colspan="2"></td><td colspan="2">주변 동식물의 모양, 소리, 움직임에 관심을 가진다.</td></tr>
<tr><td rowspan="2">주변 자연에 관심 가지기</td><td></td><td colspan="3">생활 주변의 자연물을 감각으로 느껴본다.</td></tr>
<tr><td></td><td colspan="3">바람, 햇빛, 비 등을 감각으로 느껴본다.</td></tr>
<tr><td>생활도구 탐색하기</td><td colspan="2"></td><td colspan="2">도움을 받아 생활도구를 탐색한다.</td></tr>
</table>

2) 2세 보육과정의 영역별 목표 및 세부내용

(1) 기본생활

건강하고 안전한 생활습관의 기초를 마련한다.

① 건강한 생활습관의 기초를 경험한다.
② 안전한 생활습관의 기초를 경험한다.

<table>
<tr><th>내용범주</th><th>내용</th><th>1수준</th><th>2수준</th></tr>
<tr><td rowspan="10">건강하게 생활하기</td><td rowspan="2">몸을 깨끗이 하기</td><td colspan="2">스스로 손과 몸 씻기를 시도한다.</td></tr>
<tr><td colspan="2">스스로 이 닦기를 시도한다.</td></tr>
<tr><td rowspan="3">바르게 먹기</td><td colspan="2">음식을 골고루 먹는다.</td></tr>
<tr><td colspan="2">도구를 사용하여 스스로 먹는다.</td></tr>
<tr><td colspan="2">정해진 자리에서 먹는다.</td></tr>
<tr><td rowspan="4">건강한 일상생활하기</td><td colspan="2">일과에 따라 규칙적으로 잠을 잔다.</td></tr>
<tr><td colspan="2">정해진 시간에 알맞게 휴식한다.</td></tr>
<tr><td colspan="2">하루 일과에 즐겁게 참여한다.</td></tr>
<tr><td>정해진 곳에서 배변한다.</td><td>화장실에서 배변한다.</td></tr>
<tr><td>질병에 대해 알기</td><td colspan="2">질병의 위험을 안다.</td></tr>
<tr><td rowspan="5">안전하게 생활하기</td><td rowspan="2">안전하게 놀이하기</td><td colspan="2">놀이기구나 놀잇감을 안전하게 사용한다.</td></tr>
<tr><td colspan="2">안전한 장소에서 놀이한다.</td></tr>
<tr><td>교통안전 알기</td><td>교통수단의 위험을 안다.</td><td>교통수단의 위험을 알고 조심한다.</td></tr>
<tr><td rowspan="2">위험한 상황알기</td><td>위험한 상황과 위험한 것을 안다.</td><td>위험한 상황과 위험한 것을 알고 조심한다.</td></tr>
<tr><td colspan="2">위험한 상황 시 어른의 지시에 따른다.</td></tr>
</table>

(2) 신체운동

감각, 신체조절 및 기본 운동 능력을 기른다.

① 감각능력을 기르고, 자신의 신체 움직임을 탐색한다.
② 안정된 자세로 대소근육을 조절하고 기본운동능력을 기른다.
③ 규칙적으로 신체활동에 참여한다.

<table>
<tr><th>내용범주</th><th>내용</th><th>1수준</th><th>2수준</th></tr>
<tr><td rowspan="4">감각과 신체 인식하기</td><td>감각능력 기르기</td><td colspan="2">다양한 감각적 차이에 반응한다.</td></tr>
<tr><td>감각 기관 활용하기</td><td colspan="2">감각기관으로 주변 환경을 탐색한다.</td></tr>
<tr><td rowspan="2">신체를 인식하고 움직이기</td><td colspan="2">신체 각 부분의 명칭을 안다.</td></tr>
<tr><td colspan="2">신체 각 부분의 움직임을 탐색한다.</td></tr>
<tr><td rowspan="5">신체 조절과 기본 운동하기</td><td>신체균형잡기</td><td colspan="2">안정된 자세를 취하려고 시도한다.</td></tr>
<tr><td>대근육 조절하기</td><td colspan="2">팔, 다리, 목, 허리 등 움직임을 조절한다.</td></tr>
<tr><td>소근육 조절하기</td><td colspan="2">눈과 손을 협응하여 소근육을 조절해본다.</td></tr>
<tr><td rowspan="2">기본운동하기</td><td colspan="2">걷기, 계단 오르기 등 이동운동을 한다.</td></tr>
<tr><td colspan="2">제자리에서 몸을 움직여본다.</td></tr>
<tr><td rowspan="3">신체 활동에 참여하기</td><td>신체활동에 참여하기</td><td colspan="2">신체활동에 자발적으로 참여해 본다.</td></tr>
<tr><td>바깥에서 신체활동하기</td><td colspan="2">규칙적으로 바깥에서 신체활동을 한다.</td></tr>
<tr><td>기구를 이용하여 신체활동하기</td><td colspan="2">간단한 기구를 이용하여 신체활동을 한다.</td></tr>
</table>

(3) 의사소통

의사소통 능력의 기초를 기른다.

① 다른 사람의 말과 짧은 이야기 듣는 것을 즐긴다.
② 자신의 생각과 느낌을 말로 주고받기를 즐긴다.

③ 그림책이나 환경 인쇄물에 관심을 가지며 글의 내용에 흥미를 가진다.

④ 글자 형태 끼적이기에 관심을 가진다.

<table>
<tr><th>내용범주</th><th>내용</th><th>1수준</th><th>2수준</th></tr>
<tr><td rowspan="6">듣기</td><td rowspan="2">말소리 구분하여 듣고 의미알기</td><td>친숙한 낱말의 발음에 흥미를 보인다.</td><td>친숙한 낱말의 발음에 관심을 가지고 듣는다.</td></tr>
<tr><td colspan="2">다양한 말소리의 차이를 구분한다.</td></tr>
<tr><td rowspan="3">짧은 문장 듣고 알기</td><td>낱말을 듣고 친숙한 사물과 사람을 찾아본다.</td><td>일상생활과 관련된 친숙한 낱말을 듣고 뜻을 이해한다.</td></tr>
<tr><td colspan="2">친숙한 짧은 문장을 듣고 반응한다.</td></tr>
<tr><td colspan="2">짧은 이야기와 노랫말 등을 즐겁게 듣는다.</td></tr>
<tr><td>말하는 사람을 주의 깊게 보기</td><td colspan="2">말하는 사람의 표정, 몸짓, 억양 등을 주의 깊게 보고 듣는다.</td></tr>
<tr><td rowspan="6">말하기</td><td rowspan="3">낱말과 간단한 문장으로 말하기</td><td>눈앞에 보이는 친숙한 사물의 이름을 발음해 본다.</td><td>친숙한 낱말을 발음해 본다.</td></tr>
<tr><td colspan="2">일상생활에서 경험한 새로운 낱말에 관심을 가진다.</td></tr>
<tr><td colspan="2">일상생활의 반복적인 일이나 친숙한 상황을 한 두 낱말이나 간단한 문장으로 말해 본다.</td></tr>
<tr><td rowspan="2">자신이 원하는 것을 말하기</td><td colspan="2">표정, 몸짓, 말소리로 의사표현을 한다.</td></tr>
<tr><td>자신이 원하는 것을 한 두 낱말로 말해 본다.</td><td>자신이 원하는 것을 낱말이나 짧은 문장으로 말해 본다.</td></tr>
<tr><td>상대방을 바라보며 말하기</td><td colspan="2">말할 순서에 상대방을 바라보며 말을 주고 받는다.</td></tr>
<tr><td rowspan="3">읽기</td><td rowspan="3">그림책과 환경 인쇄물에 흥미 가지기</td><td colspan="2">그림책과 환경 인쇄물에 있는 그림과 내용에 관심을 가진다.</td></tr>
<tr><td colspan="2">친숙한 그림과 환경 인쇄물을 보고 읽는 흉내를 내 본다.</td></tr>
<tr><td colspan="2">선호하는 그림책들을 읽어주면 집중하여 듣는다.</td></tr>
<tr><td rowspan="2">쓰기</td><td rowspan="2">끼적이며 즐기기</td><td colspan="2">의도적으로 끼적인다.</td></tr>
<tr><td colspan="2">자기 이름 끼적이기에 관심을 가진다.</td></tr>
</table>

(4) 사회관계

나를 인식하고 다른 사람과 더불어 생활하는 경험을 한다.

① 자기 존중감을 형성한다.
② 자신의 감정을 알고 다른 사람의 감정에 반응을 보인다.
③ 가족을 사랑하고 또래, 교사와 즐겁게 지내며 간단한 규칙 등을 지킨다.

내용범주	내용	1수준	2수준
나를 알고 존중하기	나를 구별하기	나와 다른 사람의 모습을 구별한다.	
	좋아하는 것 해 보기	내가 좋아하는 것을 찾아본다.	
		좋아하는 놀이나 놀잇감을 선택해 본다.	스스로 선택한 놀이나 놀잇감을 즐긴다.
나와 다른 사람의 감정 알기	나의 감정을 나타내기	여러 가지 감정을 말과 행동으로 나타낸다.	
	다른 사람의 감정에 반응하기	다른 사람이 나타내는 여러 가지 감정에 반응을 보인다.	
더불어 생활하기	내 가족 알기	내 가족에게 애정을 표현한다.	내 가족에게 다른 사람과는 구별된 특별한 감정을 갖는다.
	또래와 관계하기	또래에게 관심을 보인다.	또래의 모습과 행동을 모방한다.
		또래의 이름을 안다.	또래가 있는 곳에서 놀이를 한다.
	자신이 속한 집단 알기	자신이 속한 반과 교사를 안다.	자신이 속한 반의 활동에 즐겁게 참여한다.
	사회적 가치를 알기	도움 받아 물건을 정리한다.	스스로 물건을 정리한다.
		자기 순서를 안다.	순서를 기다린다.
		바른 태도로 인사한다.	
		간단한 약속을 지킨다.	

(5) 예술경험

아름다움에 관심을 가지고 예술경험을 즐긴다.

① 주변 생활에서 예술적 요소를 발견하고 흥미롭게 탐색한다.
② 간단한 리듬이나 노래, 움직임, 자발적인 미술활동을 자유롭게 시도하고 모방이나 상상놀이로 표현한다.
③ 주변의 환경과 자연 및 다양한 표현에서 예술적 요소를 관심 있게 보고 즐긴다.

내용범주	내용	1수준	2수준
아름다움 찾아보기	예술적 요소 탐색하기	주변 환경에서 나는 다양한 소리와 움직임을 탐색한다.	
		주변 환경에서 색, 모양을 탐색한다.	
예술적 표현하기	리듬있는 소리와 노래로 표현하기	친근한 노래를 따라 부른다.	
		신체, 사물, 리듬악기 등을 이용하여 간단한 리듬과 소리를 만든다.	
	움직임으로 표현하기	노래나 리듬에 맞춰 몸으로 표현한다.	
		간단한 도구를 활용하여 몸으로 표현한다.	
	자발적으로 미술활동하기	자발적으로 그리기, 만들기를 한다.	
		간단한 도구와 미술재료를 다룬다.	
	모방과 상상놀이하기	모방행동을 놀이처럼 즐긴다.	일상생활 경험을 상상놀이로 즐긴다.
예술 감상하기	아름다움 즐기기	자연이나 생활의 소리나, 움직임, 친근한 음악과 춤을 관심 있게 듣거나 본다.	
		일상생활에서 자연과 사물의 아름다움에 관심을 가지고 즐긴다.	
		자신과 또래가 표현한 노래, 춤, 미술품 등에 관심을 가지고 즐긴다.	

(6) 자연탐구

주변 환경에 호기심을 갖고 탐색하기를 즐긴다.

① 호기심을 가지고 주변 세계에 대해 다양하게 탐색한다.
② 주변에서 경험하는 수학적 상황을 인식한다.
③ 다양한 탐색을 통하여 주변 사물과 자연환경을 인식한다.

<table>
<tr><th>내용범주</th><th>내용</th><th>1수준</th><th>2수준</th></tr>
<tr><td rowspan="2">탐구하는 태도 기르기</td><td>호기심 가지기</td><td colspan="2">주변 사물과 자연 세계에 호기심을 가진다.</td></tr>
<tr><td>반복적 탐색 즐기기</td><td colspan="2">관심 있는 사물을 반복하여 주도적으로 탐색하기를 즐긴다.</td></tr>
<tr><td rowspan="8">수학적 탐구하기</td><td rowspan="3">수량 인식하기</td><td colspan="2">많고 적음을 구별한다.</td></tr>
<tr><td>두 개 가량의 수 이름을 말해 본다.</td><td>세 개 가량의 구체물을 말하며 세어 본다.</td></tr>
<tr><td colspan="2">구체물을 일대일로 대응해 본다.</td></tr>
<tr><td rowspan="2">공간과 도형에 관심 가지기</td><td colspan="2">나를 중심으로 익숙한 위치, 장소를 인식한다.</td></tr>
<tr><td colspan="2">주변 사물의 모양에 관심을 가진다.</td></tr>
<tr><td>차이에 관심 가지기</td><td colspan="2">주변 사물의 크기(속성의 차이)에 관심을 가진다.</td></tr>
<tr><td>단순한 규칙성에 관심 가지기</td><td colspan="2">주변에서 단순하게 반복되는 규칙성에 관심을 가진다.</td></tr>
<tr><td>구분하기</td><td colspan="2">주변 사물의 같고 다름에 따라 구분한다.</td></tr>
<tr><td rowspan="6">과학적 탐구하기</td><td>물체와 물질 탐색하기</td><td colspan="2">친숙한 물체와 물질을 능동적으로 탐색한다.</td></tr>
<tr><td>주변 동식물에 관심 가지기</td><td colspan="2">주변 동식물의 모양, 소리, 움직임에 관심을 가진다.</td></tr>
<tr><td rowspan="2">자연을 탐색하기</td><td colspan="2">돌, 물, 모래 등의 자연물을 탐색한다.</td></tr>
<tr><td colspan="2">날씨를 감각으로 느낀다.</td></tr>
<tr><td rowspan="2">생활도구 사용하기</td><td colspan="2">생활 속에서 간단한 도구에 관심을 가진다.</td></tr>
<tr><td colspan="2">간단한 도구를 사용한다.</td></tr>
</table>

3) 표준보육과정의 연령별 세부내용 개수

<table>
<tr><th colspan="2">구분</th><th>기본생활</th><th>신체운동</th><th>의사소통</th><th>사회관계</th><th>예술경험</th><th>자연탐구</th></tr>
<tr><td colspan="2">내용 범주</td><td>– 건강하게 생활하기
– 안전하게 생활하기</td><td>– 감각과 신체 인식하기
– 신체조절과 기본 운동하기
– 신체활동에 참여하기</td><td>– 듣기
– 말하기
– 읽기
– 쓰기</td><td>– 나를 알고 존중하기
– 나와 다른 사람의 감정알기
– 더불어 생활하기</td><td>– 아름다움 찾아보기
– 예술적 표현하기
– 예술 감상하기</td><td>– 탐구하는 태도 기르기
– 수학적 탐구하기
– 과학적 탐구하기</td></tr>
<tr><td rowspan="2">내용</td><td>1세</td><td>5</td><td>10</td><td>9</td><td>8</td><td>6</td><td>10</td></tr>
<tr><td>2세</td><td>7</td><td>10</td><td>9</td><td>8</td><td>6</td><td>11</td></tr>
<tr><td rowspan="2">세부 내용</td><td>1세</td><td>14</td><td>12</td><td>16</td><td>11</td><td>10</td><td>12</td></tr>
<tr><td>2세</td><td>15</td><td>12</td><td>17</td><td>13</td><td>12</td><td>16</td></tr>
</table>

2013년부터 새로 개정되어 실시되는 유치원과 어린이집 아이들의 공통된 교육과정인 누리과정과 표준보육과정을 소개하고자 한다. 아이들 활동의 기본은 놀이를 통해 이루어진다. 따라서 유아교육기관에서 아이들과 함께 놀이활동을 계획하고 실행하기 위해서는 누리과정을 이해하는 것이 필요하다.

본 내용은 교육과학기술부와 보건복지부가 주최하고 육아정책연구소의 자료집을 활용하여 작성한 것이다.

2. 3~5세 연령별 누리과정

1) 누리과정 특징

- 3~5세 연령별 구성방향, 목적, 영역별에 편성, 운영, 교수 · 학습방법 및 평가의 내용을 넣었고 국가수준의 공통과정의 구성체계와 형식을 갖추었다.

- 3~5세 연령별 누리과정의 영역과 내용을 구성함에 있어 누리과정의 안정적인 현장 착근을 위하여 신체운동 · 건강, 의사소통, 사회관계, 예술경험, 자연탐구의 5개 영역구성과 내용범주를 동일하게 하였다.
- 3~5세 연령별 누리과정은 5개 영역별로 3, 4, 5세를 동일한 목표로 제시하였고 내용은 유아의 발달 수준을 고려하여 연령별로 구성하였다.
- 기본생활습관과 인성교육을 강조하였다.
- 초등학교 교육과정 및 0~2세 표준보육과정과의 연계성을 고려하였다.

2) 3~5세 연령별 누리과정의 구성방향

- 질서, 배려, 협력 등 기본생활습관과 바른 인성을 기르는 데 중점을 두어 구성한다.
- 자율성과 창의성을 기르는 데 중점을 두고 전인발달을 이루도록 구성한다.
- 사람과 자연을 존중하고 우리문화를 이해하는 데 중점을 두어 구성한다.
- 3~5세아의 발달 특성을 고려하여 연령별로 구성한다.
- 신체운동 · 건강, 의사소통, 사회관계, 예술경험, 자연탐구의 5개 영역을 중심으로 구성한다.
- 초등학교 교육과정과 0~2세 표준보육과정과의 연계성을 고려하여 구성한다.

3) 3~5세 연령별 누리과정의 목적과 목표

(1) 목적

누리과정은 3~5세 유아의 심신의 건강과 조화로운 발달을 도와 민주시민의 기초를 형성하는 것을 목적으로 한다.

(2) 목표

- 기본운동능력과 건강하고 안전한 생활습관을 기른다.
- 일상생활에 필요한 의사소통능력과 바른 언어사용습관을 기른다.

- 자신을 존중하고 다른 사람과 더불어 생활하는 능력과 태도를 기른다.
- 아름다움에 관심을 가지고 예술경험을 즐기며 창의적으로 표현하는 능력을 기른다.
- 호기심을 가지고 주변 세계를 탐구하며 일상생활에서 수학적 · 과학적으로 생각하는 능력과 태도를 기른다.

4) 3~5세 연령별 누리과정의 편성과 운영

(1) 편성

- 1일 3~5시간을 기준으로 편성한다.
- 5개 영역의 내용을 균형 있게 통합적으로 편성한다.
- 유아의 발달 특성 및 경험을 고려하여 놀이를 중심으로 편성한다.
- 반(학급) 특성에 따라 융통성 있게 편성한다.
- 성별, 종교, 신체적 특성, 가족 및 민족 배경 등으로 인한 편견이 없도록 편성한다.
- 일과 운영시간에 따라 심화 확장할 수 있도록 편성한다.

(2) 운영

- 연간, 월간, 주간, 일일 계획에 의거하여 운영한다.
- 실내 · 외 환경을 다양한 흥미영역으로 구성하여 운영한다.
- 유아의 능력과 장애 정도에 따라 조정하여 운영한다.
- 부모와 각 기관의 실정에 따라 부모교육을 실시한다.
- 가정과 지역사회와의 협력과 참여에 기반하여 운영한다.
- 교사 재교육을 통해서 누리과정 활동이 개선되도록 운영한다.

(3) 교수학습 방법

- 놀이를 중심으로 교수 · 학습활동이 이루어지도록 한다.
- 유아의 흥미를 중심으로 활동을 선택하고 지속할 수 있도록 한다.

- 유아의 생활 속 경험을 소재로 하여 지식, 기능, 태도 및 가치를 습득하도록 한다.
- 유아와 교사, 유아와 유아, 유아와 환경 간에 능동적인 상호작용이 이루어지도록 한다.
- 주제를 중심으로 여러 활동이 통합적으로 이루어지도록 한다.
- 실내 · 외 활동, 정적 · 동적활동, 대 · 소집단 활동 및 개별활동, 휴식 등이 균형 있게 이루어지도록 한다.
- 유아의 관심과 흥미, 발달이나 환경 특성 등을 고려하여 개별 유아에게 적합한 방식으로 학습하도록 한다.

(4) 평가

가. 누리과정 운영평가

- 운영내용이 누리과정의 목표와 내용에 근거하여 편성 · 운영되었는지 평가한다.
- 운영내용 및 활동이 유아의 발달 수준과 흥미 · 요구에 적합한지를 평가한다.
- 교수 · 학습 방법이 유아의 흥미와 활동의 특성에 적합한지를 평가한다.
- 운영 환경이 유아의 발달 특성과 활동의 주제, 내용 및 효율성 등을 고려하여 구성되었는지를 평가한다.
- 계획안 분석, 수업 참관 및 모니터링, 평가척도 등 다양한 방법을 활용하여 평가한다.
- 운영평가의 결과를 반영하여 운영계획을 수정 · 보완하거나 이후 누리과정 편성 · 운영에 활용한다.

나. 유아평가

- 누리과정 목표와 내용에 근거하여 유아의 특성과 변화정도를 평가한다.
- 유아의 지식, 기능, 태도를 포함하여 평가한다.
- 유아의 일상생활과 누리과정 활동 전반에 걸쳐 평가한다.
- 관찰, 활동 결과물 분석, 부모면담 등 다양한 방법을 사용하여 종합적으로 평가하고, 그 결과를 기록한다.
- 유아평가 결과는 유아에 대한 이해와 누리과정 운영개선 및 부모면담자료로 활용할 수 있다.

3. 3~5세 누리과정의 영역별 목표 및 내용범주

1) 누리과정 영역별 목표

(1) 신체운동 · 건강영역

기본운동능력과 건강하고 안전한 생활습관을 기른다.

- 감각 능력을 기르고, 자신의 신체를 긍정적으로 인식한다.
- 신체를 조절하고 기본운동능력을 기른다.
- 신체활동에 즐겁게 참여한다.
- 건강한 생활습관을 기른다.
- 안전한 생활습관을 기른다.

내용 범주	내용	세부 내용		
		3세	4세	5세
신체 인식하기	감각능력 기르고 활용하기	감각적 차이를 경험한다.	감각적 차이를 구분한다.	감각으로 대상이나 사물의 특성과 차이를 구분한다.
		감각기관을 인식하고, 활용해 본다.	여러 감각기관을 협응하여 활용한다.	
	신체를 인식하고 움직이기	신체 각 부분의 명칭을 알고, 움직임에 관심을 갖는다.	신체 각 부분의 특성을 이해하고 활용하여 움직인다.	
		자신의 신체를 긍정적으로 인식하고 움직인다.		
신체 조절과 기본 운동하기	신체 조절 하기	신체균형을 유지해 본다.	다양한 자세와 움직임에서 신체균형을 유지한다.	
		공간, 힘, 시간 등의 움직임 요소를 경험한다.	공간, 힘, 시간 등의 움직임 요소를 활용하여 움직인다.	
		신체 각 부분의 움직임을 조절해 본다.	신체 각 부분을 협응하여 움직임을 조절한다.	
		눈과 손을 협응하여 소근육을 조절해 본다.	눈과 손을 협응하여 소근육을 조절해 본다.	

내용 범주	내용	세부 내용		
		3세	4세	5세
신체 조절과 기본 운동하기	신체 조절하기			도구를 활용하여 여러 가지 조작운동을 한다.
		걷기, 달리기 등 이동운동을 한다.	걷기, 달리기, 뛰기 등 다양한 이동운동을 한다.	
		제자리에서 몸을 움직여 본다.	제자리에서 몸을 다양하게 움직인다.	
신체 활동에 참여하기	자발적으로 신체 활동에 참여하기	신체 활동에 자발적으로 참여한다.	신체 활동에 자발적이고 지속적으로 참여한다.	
		다른 사람과 함께 하는 신체 활동에 참여한다.	다른 사람과 함께 하는 신체 활동에 참여한다.	
			자신과 다른 사람의 운동 능력의 차이에 관심을 갖는다.	자신과 다른 사람의 운동 능력의 차이를 이해한다.
	바깥에서 신체 활동 하기	규칙적으로 바깥에서 신체 활동을 한다.		
	기구를 이용하여 신체 활동 하기	여러 가지 기구를 이용하여 신체 활동을 한다.		
건강하게 생활하기	몸과 주변을 깨끗이하기	손과 이를 깨끗이 하는 방법을 알고 실천한다.		스스로 몸을 깨끗이 하는 습관을 기른다.
		주변을 깨끗이 한다.	주변을 깨끗이 하는 습관을 기른다.	
	바른 식생활 하기	음식을 골고루 먹는다.		적당량의 음식을 골고루 먹는다.
		몸에 좋은 음식에 관심을 갖는다.	몸에 좋은 음식을 알아본다.	몸에 좋은 음식을 선택할 수 있다.
		바른 태도로 식사한다.	음식을 소중히 여기고 식사예절을 지킨다.	
	건강한 일상생활 하기	규칙적으로 잠을 자고, 적당한 휴식을 취한다.		
		하루 일과에 즐겁게 참여한다.		
		스스로 화장실에서 배변한다.	바른 배변습관을 가진다.	규칙적인 배변습관을 가진다.

내용 범주	내용	세부 내용		
		3세	4세	5세
건강하게 생활하기	질병 예방하기	질병의 위험을 알고 주의한다.	질병을 예방하는 방법을 알고 실천한다.	
		날씨에 맞게 옷을 입는다.	날씨와 상황에 알맞게 옷을 입는다.	
안전하게 생활하기	안전하게 놀이하기	놀이기구나 놀잇감, 도구를 안전하게 사용한다.		놀이기구나 놀잇감, 도구의 바른 사용법을 알고 안전하게 사용한다.
		안전한 놀이장소를 안다.	안전한 장소를 알고 안전하게 놀이한다.	
		TV, 인터넷, 통신기기 등을 바르게 사용한다.	TV, 인터넷, 통신기기 등의 위해성을 알고, 바르게 사용한다.	
	교통안전 규칙 지키기	교통안전 규칙을 안다.	교통안전 규칙을 알고 지킨다.	
		교통수단을 안전하게 이용한다.		
	비상 시 적절히 대처하기	학대, 성폭력, 실종, 유괴 상황을 알고 도움을 요청한다.	학대, 성폭력, 실종, 유괴상황 시 도움을 요청하는 방법을 알고 행동한다.	
		재난 및 사고 등 비상 시 적절하게 대처하는 방법을 안다.	재난 및 사고 등 비상 시 적절하게 대처하는 방법을 알고 행동한다.	

(2) 의사소통영역

일상생활에 필요한 의사소통능력과 바른 언어사용습관을 기른다.

- 다른 사람의 말을 주의 깊게 듣는 태도와 이해하는 능력을 기른다.
- 자신의 생각과 느낌을 말하는 능력을 기른다.
- 글자와 책에 친숙해지는 경험을 통하여 글자 모양을 인식하고 읽기에 흥미를 가진다.
- 말과 글의 관계를 알고 자신의 생각, 느낌, 경험을 글로 표현하는 데 관심을 가진다.

<table>
<tr><th rowspan="2">내용 범주</th><th rowspan="2">내용</th><th colspan="3">세부 내용</th></tr>
<tr><th>3세</th><th>4세</th><th>5세</th></tr>
<tr><td rowspan="7">듣기</td><td rowspan="2">낱말과 문장 듣고 이해하기</td><td colspan="2">낱말의 발음에 관심을 가지고 듣는다.</td><td>낱말의 발음에 관심을 가지고 비슷한 발음을 듣고 구별한다.</td></tr>
<tr><td colspan="2">일상생활과 관련된 낱말과 문장을 듣고 뜻을 이해한다.</td><td>다양한 낱말과 문장을 듣고 뜻을 이해한다.</td></tr>
<tr><td rowspan="2">이야기 듣고 이해하기</td><td>다른 사람의 이야기를 관심 있게 듣는다.</td><td colspan="2">다른 사람의 이야기를 듣고 이해한다.</td></tr>
<tr><td></td><td colspan="2">이야기를 듣고 궁금한 것에 대해 질문한다.</td></tr>
<tr><td rowspan="2">동요, 동시, 동화 듣고 이해하기</td><td colspan="2">동요, 동시, 동화를 다양한 방법으로 듣고 즐긴다.</td><td>동요, 동시, 동화를 다양한 방법으로 듣고 이해한다.</td></tr>
<tr><td></td><td colspan="2">전래 동요, 동시, 동화를 듣고 우리말의 재미를 느낀다.</td></tr>
<tr><td>바른 태도로 듣기</td><td>말하는 사람을 바라보며 듣는다.</td><td>다른 사람의 이야기를 주의 깊게 듣는다.</td><td>다른 사람의 이야기를 끝까지 주의 깊게 듣는다.</td></tr>
<tr><td rowspan="9">말하기</td><td rowspan="3">낱말과 문장으로 말하기</td><td>친숙한 낱말을 발음해 본다.</td><td>친숙한 낱말을 정확하게 발음해 본다.</td><td>정확한 발음으로 말한다.</td></tr>
<tr><td>새로운 낱말에 관심을 가진다.</td><td>다양한 낱말을 사용하여 말한다.</td><td>다양한 낱말을 사용하여 상황에 맞게 말한다.</td></tr>
<tr><td colspan="2">일상생활에서 일어나는 일들을 간단한 문장으로 말한다.</td><td>일상생활에서 일어나는 일들을 다양한 문장으로 말한다.</td></tr>
<tr><td rowspan="3">느낌, 생각, 경험 말하기</td><td>자신의 느낌, 생각, 경험을 말해본다.</td><td>자신의 느낌, 생각, 경험을 말한다.</td><td>자신의 느낌, 생각, 경험을 적절한 낱말과 문장으로 말한다.</td></tr>
<tr><td></td><td colspan="2">주제를 정하여 함께 이야기를 나눈다.</td></tr>
<tr><td></td><td>이야기를 지어 말한다.</td><td>이야기 지어 말하기를 즐긴다.</td></tr>
<tr><td rowspan="3">상황에 맞게 바른 태도로 말하기</td><td></td><td colspan="2">듣는 사람의 생각과 느낌을 고려하여 말한다.</td></tr>
<tr><td>상대방을 바라보며 말한다.</td><td>차례를 지켜 말한다.</td><td>때와 장소, 대상에 알맞게 말한다.</td></tr>
<tr><td colspan="3">바르고 고운 말을 사용한다.</td></tr>
</table>

내용 범주	내용	세부 내용		
		3세	4세	5세
읽기	읽기에 흥미 가지기	주변에서 친숙한 글자를 찾아본다.		주변에서 친숙한 글자를 찾아 읽어 본다.
		읽어 주는 글의 내용에 관심을 가진다.		읽어 주는 글의 내용에 관심을 가지고 읽어 본다.
	책 읽기에 관심 가지기	책에 흥미를 가진다.		책 보는 것을 즐기고 소중하게 다룬다.
		책의 그림을 단서로 내용을 추측해 본다.		책의 그림을 단서로 내용을 이해한다.
				궁금한 것을 책에서 찾아본다.
쓰기	쓰기에 관심 가지기	말을 글로 나타내는 것에 관심을 보인다.	말이나 생각을 글로 나타낼 수 있음을 안다.	
		자기 이름의 글자에 관심을 가진다.	자기 이름을 써 본다.	자신의 이름과 주변의 친숙한 글자를 써 본다.
			자신의 느낌, 생각, 경험을 글자와 비슷한 형태로 표현한다.	자신의 느낌, 생각, 경험을 글자와 비슷한 형태나 글자로 표현한다.
	쓰기 도구 사용하기		쓰기 도구에 관심을 가지고 사용해 본다.	쓰기 도구의 바른 사용법을 알고 사용한다.

(3) 사회관계영역

자신을 존중하고 다른 사람과 더불어 생활하는 능력과 태도를 기른다.

- 자신을 소중히 여기며 자율성을 기른다.
- 자신과 타인의 감정을 알고, 자신의 감정을 적절하게 표현하고 조절한다.
- 가족과 화목하게 지내며 서로 협력한다.
- 친구, 공동체 구성원들과 서로 돕고, 예의 · 규칙 등 사회적 가치를 알고 지킨다.
- 우리 동네, 우리나라, 다른 나라에 관심을 가진다.

내용 범주	내용	세부 내용		
		3세	4세	5세
나를 알고 존중하기	나를 알고, 소중히 여기기	나에 대해 관심을 갖는다.	나에 대해 알아본다.	
		나와 다른 사람의 차이에 관심을 갖는다.	나와 다른 사람의 차이점을 알아본다.	나와 다른 사람의 신체적, 사회적, 문화적 차이를 존중한다.
		나를 소중하게 여긴다.	나에 대해 긍정적으로 생각하고 나를 소중하게 여긴다.	
	나의 일 스스로 하기	내가 할 수 있는 일을 알아본다.	내가 할 수 있는 일을 해 본다.	내가 할 수 있는 일을 스스로 한다.
		내가 하고 싶은 일을 선택해 본다.	하고 싶은 일을 계획하고 해 본다.	
나와 다른 사람의 감정 알고 조절하기	나와 다른 사람의 감정 알고 표현하기	자신에게 여러 가지 감정이 있음을 안다.	자신의 감정을 알고 표현한다.	
		다른 사람의 감정에 관심을 갖는다.	다른 사람의 감정을 안다.	다른 사람의 감정을 알고 공감한다.
	나의 감정 조절하기	자신의 감정을 조절해 본다.		자신의 감정을 상황에 맞게 조절한다.
가족을 소중히 여기기	가족과 화목하게 지내기	가족의 소중함을 안다.		가족의 의미와 소중함을 안다.
				가족과 화목하게 지낸다.
	가족과 협력하기	가족 구성원을 알아본다.	가족 구성원의 역할에 대해 알아본다.	다양한 가족구조에 대해 알아본다.
		가족을 위하여 내가 할 수 있는 일을 알아본다.	가족을 위하여 내가 할 수 있는 일을 알아보고 실천한다.	가족은 서로 도와야 함을 알고 실천한다.
다른 사람과 더불어 생활하기	친구와 사이좋게 지내기	친구와 함께 놀이한다.	친구와 협동하며 놀이한다.	
		나와 친구의 의견에 차이가 있음을 안다.	친구와의 갈등을 긍정적인 방법으로 해결한다.	
	공동체에서 화목하게 지내기		도움이 필요할 때 다른 사람과 도움을 주고받는다.	다른 사람과 도움을 주고 받고, 서로 협력한다.
		교사 및 주변 사람과 화목하게 지낸다.		

<table>
<tr><th rowspan="2">내용 범주</th><th rowspan="2">내용</th><th colspan="3">세부 내용</th></tr>
<tr><th>3세</th><th>4세</th><th>5세</th></tr>
<tr><td rowspan="5">다른 사람과 더불어 생활하기</td><td rowspan="5">사회적 가치를 알고 지키기</td><td></td><td colspan="2">정직하게 말하고 행동한다.</td></tr>
<tr><td>다른 사람의 소유물을 존중한다.</td><td>다른 사람의 생각, 행동을 존중한다.</td><td>다른 사람을 배려하여 행동한다.</td></tr>
<tr><td></td><td colspan="2">친구와 어른께 예의 바르게 행동한다.</td></tr>
<tr><td>약속과 규칙을 지켜야 함을 안다.</td><td colspan="2">다른 사람과 한 약속이나 공공규칙을 지킨다.</td></tr>
<tr><td></td><td colspan="2">자연과 자원을 아끼는 습관을 기른다.</td></tr>
<tr><td rowspan="8">사회에 관심 갖기</td><td rowspan="3">지역사회에 관심 갖고 이해하기</td><td>우리 동네의 이름을 안다.</td><td colspan="2">우리 동네에 대해 알아본다.</td></tr>
<tr><td>우리 동네 사람들에 관심을 갖는다.</td><td>우리 동네 사람들이 하는 일에 관심을 갖는다.</td><td>다양한 직업에 관심을 갖는다.</td></tr>
<tr><td></td><td>물건을 살 때 돈이 필요함을 안다.</td><td>일상생활에서 돈의 쓰임에 대해 안다.</td></tr>
<tr><td rowspan="3">우리나라에 관심 갖고 이해하기</td><td>우리나라를 상징하는 것에 관심을 가진다.</td><td>우리나라를 상징하는 것을 안다.</td><td>우리나라를 상징하는 것을 알고 예절을 지킨다.</td></tr>
<tr><td colspan="2">우리나라의 선동놀이와 풍습에 관심을 갖는다.</td><td>우리나라의 전통, 역사, 문화에 관심을 갖는다.</td></tr>
<tr><td></td><td colspan="2">우리나라에 대해 자부심을 갖는다.</td></tr>
<tr><td rowspan="2">세계와 여러 문화에 관심 가지기</td><td></td><td>세계 여러 나라에 대해 관심을 갖는다.</td><td>세계 여러 나라에 대해 관심을 갖고, 서로 협력해야 함을 안다.</td></tr>
<tr><td></td><td>다양한 인종과 문화에 관심을 갖는다.</td><td>다양한 인종과 문화를 알아보고 존중한다.</td></tr>
</table>

(4) 예술경험영역

아름다움에 관심을 가지고 예술경험을 즐기며, 창의적으로 표현하는 능력을 기른다.

- 자연과 주변 환경에서 발견한 아름다움과 예술적 요소에 관심을 갖고 탐색한다.
- 자신의 생각과 느낌을 음악, 움직임과 춤, 미술, 극놀이를 통해 창의적으로 표현하는 것을 즐긴다.

• 자연과 다양한 예술 작품을 감상하며, 풍부한 감성과 심미적 태도를 기른다.

<table>
<tr><th rowspan="2">내용 범주</th><th rowspan="2">내용</th><th colspan="3">세부 내용</th></tr>
<tr><th>3세</th><th>4세</th><th>5세</th></tr>
<tr><td rowspan="3">아름다움 찾아보기</td><td>음악적 요소 탐색하기</td><td colspan="2">다양한 소리, 음악의 셈여림, 빠르기, 리듬 등에 관심을 갖는다.</td><td>다양한 소리, 악기 등으로 음악의 셈여림, 빠르기, 리듬 등을 탐색한다.</td></tr>
<tr><td>움직임과 춤 요소 탐색하기</td><td colspan="2">움직임과 춤의 모양, 힘, 빠르기 등에 관심을 갖는다.</td><td>움직임과 춤의 모양, 힘, 빠르기, 흐름 등을 탐색한다.</td></tr>
<tr><td>미술적 요소 탐색하기</td><td colspan="2">자연과 사물의 색, 모양, 질감 등에 관심을 갖는다.</td><td>자연과 사물에서 색, 모양, 질감, 공간 등을 탐색한다.</td></tr>
<tr><td rowspan="10">예술적 표현하기</td><td rowspan="4">음악으로 표현하기</td><td>간단한 노래를 듣고 따라 부른다.</td><td colspan="2">노래로 자신의 생각과 느낌을 표현한다.</td></tr>
<tr><td colspan="3">전래동요를 즐겨 부른다.</td></tr>
<tr><td>리듬악기로 간단한 리듬을 표현해 본다.</td><td colspan="2">리듬악기를 연주해 본다.</td></tr>
<tr><td colspan="2">간단한 리듬과 노래를 즉흥적으로 만들어 본다.</td><td>리듬과 노래 등을 즉흥적으로 만들어 본다.</td></tr>
<tr><td rowspan="3">움직임과 춤으로 표현하기</td><td colspan="2">신체를 이용하여 주변의 움직임을 자유롭게 표현한다.</td><td>신체를 이용하여 주변의 움직임을 다양하게 표현하며 즐긴다.</td></tr>
<tr><td colspan="3">움직임과 춤으로 자신의 생각과 느낌을 표현한다.</td></tr>
<tr><td colspan="2">도구를 활용하여 다양한 움직임으로 표현한다.</td><td>다양한 도구를 활용하여 창의적으로 움직인다.</td></tr>
<tr><td rowspan="3">미술 활동으로 표현하기</td><td>다양한 미술활동을 경험해 본다.</td><td colspan="2">다양한 미술활동으로 자신의 생각과 느낌을 표현한다.</td></tr>
<tr><td></td><td>협동적인 미술활동에 참여한다.</td><td>협동적인 미술활동에 참여하여 즐긴다.</td></tr>
<tr><td>미술활동에 필요한 재료와 도구에 관심을 가지고 사용한다.</td><td colspan="2">미술활동에 필요한 재료와 도구를 다양하게 사용한다.</td></tr>
</table>

<table>
<tr><th rowspan="2">내용 범주</th><th rowspan="2">내용</th><th colspan="3">세부 내용</th></tr>
<tr><th>3세</th><th>4세</th><th>5세</th></tr>
<tr><td rowspan="4">예술적 표현하기</td><td rowspan="2">극놀이로 표현하기</td><td>일상생활의 경험을 극놀이로 표현한다.</td><td>일상생활의 경험이나 간단한 이야기를 극놀이로 표현한다.</td><td>경험이나 이야기를 극놀이로 표현한다.</td></tr>
<tr><td></td><td colspan="2">소품, 배경, 의상 등을 사용하여 협동적으로 극놀이를 한다.</td></tr>
<tr><td rowspan="2">통합적으로 표현하기</td><td></td><td colspan="2">음악, 움직임과 춤, 미술, 극놀이 등을 통합하여 표현한다.</td></tr>
<tr><td colspan="2">예술 활동에 참여하여 표현과정을 즐긴다.</td><td>예술 활동에 참여하여 창의적으로 표현하는 과정을 즐긴다.</td></tr>
<tr><td rowspan="3">예술 감상하기</td><td rowspan="2">다양한 예술 감상하기</td><td>다양한 음악, 춤, 미술작품, 극놀이 등을 듣거나 본다.</td><td colspan="2">다양한 음악, 춤, 미술작품, 극놀이 등을 듣거나 보고 즐긴다.</td></tr>
<tr><td colspan="3">나와 다른 사람의 예술 표현을 소중히 여긴다.</td></tr>
<tr><td>전통예술 감상하기</td><td colspan="2">우리나라의 전통예술에 관심을 갖는다.</td><td>우리나라의 전통예술에 관심을 갖고 친숙해진다.</td></tr>
</table>

(5) 자연탐구영역

호기심을 가지고 주변 세계를 탐구하며, 일상생활에서 수학적 · 과학적으로 생각하는 능력과 태도를 기른다.

- 주변의 사물과 자연 세계에 대해 알고자 하는 호기심을 가지고 탐구하는 태도를 기른다.
- 생활 속의 여러 상황과 문제를 논리 · 수학적으로 이해하고 해결하기 위한 기초능력을 기른다.
- 주변의 관심 있는 사물과 생명체 및 자연 현상을 탐구하기 위한 기초능력을 기른다.

내용 범주	내용	세부 내용		
		3세	4세	5세
탐구하는 태도 기르기	호기심을 유지하고 확장하기	주변 사물과 자연세계에 대해 호기심을 갖는다.	주변 사물과 자연세계에 대해 지속적으로 호기심을 갖는다.	주변 사물과 자연세계에 대해 지속적으로 호기심을 갖고 알고자 한다.
	탐구과정 즐기기	궁금한 점을 알아보는 과정에 흥미를 갖는다.	궁금한 점을 알아보는 탐구과정에 관심을 가지고 참여한다.	궁금한 점을 알아보는 탐구과정에 참여하고 즐긴다.
				탐구과정에서 서로 다른 생각에 관심을 갖는다.
	탐구기술 활용하기		일상생활의 문제를 해결하는 과정에서 탐색, 관찰 등의 방법을 활용해 본다.	일상생활의 문제를 해결하는 과정에서 탐색, 관찰, 비교, 예측 등의 탐구기술을 활용해 본다.
수학적 탐구하기	수와 연산의 기초개념 알아보기	생활 속에서 수에 관심을 갖는다.	생활 속에서 사용되는 수의 여러 가지 의미를 안다.	
		구체물 수량의 많고 적음을 비교한다.	구체물 수량에서 '같다', '더 많다', '더 적다'의 관계를 안다.	구체물 수량의 부분과 전체 관계를 알아본다.
		다섯 개 가량의 구체물을 세어보고 수량에 관심을 갖는다.	열 개 가량의 구체물을 세어보고 수량을 알아본다.	스무 개 가량의 구체물을 세어보고 수량을 알아본다.
				구체물을 가지고 더하고 빼는 경험을 해 본다.
	공간과 도형의 기초개념 알아보기	나를 중심으로 앞, 뒤, 옆, 위, 아래를 알아본다.	위치와 방향을 여러 가지 방법으로 나타내 본다.	
				여러 방향에서 물체를 보고 그 차이점을 비교해 본다.
		물체의 모양에 관심을 갖는다.	기본 도형의 특성을 인식한다.	기본 도형의 공통점과 차이점을 알아본다.
			기본 도형을 사용하여 여러 가지 모양을 구성해 본다.	

<table>
<tr><th rowspan="2">내용 범주</th><th rowspan="2">내용</th><th colspan="3">세부 내용</th></tr>
<tr><th>3세</th><th>4세</th><th>5세</th></tr>
<tr><td rowspan="7">수학적 탐구하기</td><td rowspan="2">기초적인 측정하기</td><td>두 물체의 길이, 크기를 비교해 본다.</td><td>일상생활에서 길이, 크기, 무게 등을 비교해 본다.</td><td>일상생활에서 길이, 크기, 무게, 들이 등의 속성을 비교하고, 순서를 지어 본다.</td></tr>
<tr><td></td><td></td><td>임의 측정 단위를 사용하여 길이, 면적, 들이, 무게 등을 재 본다.</td></tr>
<tr><td rowspan="2">규칙성 이해하기</td><td>생활주변에서 반복되는 규칙성에 관심을 갖는다.</td><td>생활주변에서 반복되는 규칙성을 알아본다.</td><td>생활주변에서 반복되는 규칙성을 알고 다음에 올 것을 예측해 본다.</td></tr>
<tr><td></td><td>반복되는 규칙성을 인식하고 모방한다.</td><td>스스로 규칙성을 만들어 본다.</td></tr>
<tr><td rowspan="3">기초적인 자료 수집과 결과 나타내기</td><td></td><td colspan="2">필요한 정보나 자료를 수집한다.</td></tr>
<tr><td>같은 것끼리 짝을 짓는다.</td><td>한 가지 기준으로 자료를 분류해 본다.</td><td>한 가지 기준으로 분류한 자료를 다른 기준으로 재분류해 본다.</td></tr>
<tr><td></td><td></td><td>그림, 사진, 기호나 숫자를 사용해 그래프로 나타내 본다.</td></tr>
<tr><td rowspan="7">과학적 탐구하기</td><td rowspan="2">물체와 물질 알아보기</td><td>친숙한 물체와 물질의 특성에 관심을 갖는다.</td><td>친숙한 물체와 물질의 특성을 알아본다.</td><td>주변의 여러 가지 물체와 물질의 기본 특성을 알아본다.</td></tr>
<tr><td></td><td colspan="2">물체와 물질을 여러 가지 방법으로 변화시켜 본다.</td></tr>
<tr><td rowspan="4">생명체와 자연환경 알아보기</td><td colspan="2">나의 출생과 성장에 대해 관심을 갖는다.</td><td>나와 다른 사람의 출생과 성장에 대해 알아본다.</td></tr>
<tr><td>주변의 동식물에 관심을 가진다.</td><td>관심 있는 동식물의 특성을 알아본다.</td><td>관심 있는 동식물의 특성과 성장 과정을 알아본다.</td></tr>
<tr><td colspan="3">생명체를 소중히 여기는 마음을 갖는다.</td></tr>
<tr><td></td><td>생명체가 살기 좋은 환경에 대해 관심을 갖는다.</td><td>생명체가 살기 좋은 환경과 녹색환경에 대해 알아본다.</td></tr>
<tr><td>자연현상 알아보기</td><td>돌, 물, 흙 등 자연물에 관심을 갖는다.</td><td colspan="2">돌, 물, 흙 등 자연물의 특성과 변화를 알아본다.</td></tr>
</table>

<table>
<tr><th rowspan="2">내용 범주</th><th rowspan="2">내용</th><th colspan="3">세부 내용</th></tr>
<tr><th>3세</th><th>4세</th><th>5세</th></tr>
<tr><td rowspan="4">과학적 탐구하기</td><td rowspan="2">자연현상 알아보기</td><td></td><td></td><td>낮과 밤, 계절의 변화와 규칙성을 알아본다.</td></tr>
<tr><td>날씨에 관심을 갖는다.</td><td>날씨와 기후변화에 관심을 갖는다.</td><td>날씨와 기후변화 등 자연현상에 대해 관심을 갖는다.</td></tr>
<tr><td rowspan="2">간단한 도구와 기계 활용하기</td><td>생활 속에서 간단한 도구와 기계에 관심을 갖는다.</td><td colspan="2">생활 속에서 간단한 도구와 기계를 활용한다.</td></tr>
<tr><td colspan="2">도구와 기계의 편리함에 관심을 갖는다.</td><td>변화하는 새로운 도구와 기계에 관심을 갖고 장단점을 안다.</td></tr>
</table>

누리과정의 영역과 내용범주 및 세부내용을 살펴보았다. 아래 유아들의 놀이사진을 보며 누리과정 영역 및 내용범주, 세부내용을 자세히 찾아 살펴보고 활용하면 이해에 도움이 될 수 있다.

* 활용의 예

협동작품을 만드는 유아들

연령: 만 5세
누리과정영역: 예술경험영역
내용범주: 예술적표현하기
세부내용: 미술활동으로 표현하기
다양한 미술활동으로 자신의 생각과 느낌을 표현한다.
협동적인 미술활동에 참여하여 즐긴다.

연령:
누리과정영역:
내용범주:
세부내용:

연령:
누리과정영역:
내용범주:
세부내용:

연령:
누리과정영역:
내용범주:
세부내용:

연령:
누리과정영역:
내용범주:
세부내용:

2) 누리과정 연령별 세부내용 개수

|표 4-1| **누리과정 내용범주, 내용 및 세부내용 개수**

구분		신체운동 · 건강	의사소통	사회관계	예술경험	자연탐구	총계
내용범주		• 신체인식하기 • 신체조절과 기본 운동하기 • 신체활동에 참여하기 • 건강하게 생활하기 • 안전하게 생활하기	• 듣기 • 말하기 • 읽기 • 쓰기	• 나를 알고 존중하기 • 나와 다른사람의 감정 알고 조절하기 • 가족을 소중히 여기기 • 다른사람과 더불어 생활하기 • 사회에 관심갖기	• 아름다움 찾아보기 • 예술적 표현하기 • 예술감상하기	• 탐구하는 태도 기르기 • 수학적탐구하기 • 과학적탐구하기	20개
내용	3세	14	10	11	10	11	56
	4세	14	11	12	10	12	59
	5세	14	11	12	10	12	59
세부내용	3세	31	17	20	17	18	103
	4세	32	25	28	20	24	129
	5세	33	25	29	20	30	137

Chapter 5 영유아를 위한 놀잇감

놀잇감은 놀이에 대한 흥미를 유발시키고 놀이를 효율적으로 진행시키는 매체로서 역할을 하는 물건을 지칭한다. 놀이 경험이 유아의 성장에 긍정적인 영향을 미치기 위해서는 교육적이고 안전한 놀잇감을 선택하거나 제작하여 활용해야 한다.

1. 놀잇감의 기준

유아용 놀잇감을 선택하거나 제작할 때 고려해야 할 기준은 안전성, 적합성, 교육성, 내구성 등인데 이를 상세히 살펴보면 다음과 같다(이숙재. 2006).

1) 안전성

놀잇감의 기준으로 무엇보다 중요한 것은 안전성이다. 유아들은 위험한 상황에 대한 인식 능력이 부족하고 스스로 보호하는 능력이 미비하므로 유아의 안전을 위협하는 불량 놀잇감은 즉각 제거되어야 한다. 놀잇감의 안전성을 점검하는 기준은 다음과 같다.

① 재질 및 페인트

- 플라스틱이나 금속 재질로 된 놀잇감에 유해 성분은 없는가?
- 페인트가 잘 벗겨지거나 유해하지는 않은가?

② 강도

- 놀잇감을 떨어뜨리면 쉽게 망가지는가?
- 놀잇감에 부착된 부속물이 잘 떨어지는가?

③ 크기 및 무게

- 작은 부품을 유아가 입에 넣어 삼킬 위험이 있는가?
- 무거워서 떨어뜨릴 가능성은 없는가?

④ 모양

- 날카로운 모서리나 뾰족한 끝부분이 없는가?

⑤ 끝손질

- 나무 제품의 경우 표면이 매끄러운가?
- 헝겊 놀잇감은 바느질 처리가 잘 되어 있는가?
- 플라스틱이나 금속 제품의 접합 부분이 매끄러운가?

2) 적합성

놀잇감은 다음과 같은 측면에서 적합성의 조건을 갖추어야 한다.

- **유아의 발달 수준에 적합** : 놀잇감의 형태, 크기, 난이도가 유아의 신체적 · 정신적 발달에 적합해야 한다. 발달에 부적합한 놀잇감은 유아에게 좌절감을 주거나 놀이에 대한 흥미를 잃게 만들 수 있다.
- **유아의 흥미와 요구에 적합** : 놀잇감은 유아의 흥미와 관심을 끌 수 있도록 형태, 색상, 기능이 매력적이어야 유아가 싫증을 내지 않고 지속적으로 가지고 놀이를 한다.
- **사회적 · 문화적 가치에 적합** : 놀잇감은 유아의 사회 · 문화적 환경에 적합해야 한다. 즉, 고정된 성 역할 개념을 강조하는 놀잇감(예 : 의사는 남성, 간호사는 여성으로 표현된

인형), 유아의 공격성을 자극하는 놀잇감(예 : 권총 탱크), 유아의 생활 환경에 맞지 않는 놀잇감 등은 바람직하지 않다.

- **다양한 용도, 독자적 활용에 적합** : 놀잇감의 활용도를 높이기 위해서는 놀이 방법이 한정된 놀잇감보다는 다양하게 활용될 수 있는 놀잇감이 적합하다. 또한 성인의 도움을 받지 않고 유아 스스로 조작하거나 이동할 수 있는 놀잇감이 적합하다.

3) 교육성

놀잇감은 유아의 신체, 인지, 정서, 사회성 발달을 촉진하는 교육적 기능을 해야 한다. 그러므로 놀잇감이 다음과 같은 교육적 기능을 하는지 살펴보아야 한다.

① 신체발달의 증진

- 놀잇감이 유아의 대 · 소근육의 운동능력 발달과 협응력을 촉진하는가?
- 다양한 동작을 자극하는가?
- 다양한 감각기관을 활용할 기회를 제공하는가?
- 유아가 신체활동에 즐겁게 참여하도록 유도하는가?

② 인지발달의 촉진

- 유아의 호기심을 유발하고 탐색 행동을 자극하는가?
- 유아에게 다양한 구체적 경험을 제공하는가?
- 유아가 다각적으로 생각하고 문제를 해결해 볼 수 있는 기회를 제공하는가?
- 유아의 상상력과 창의성을 고취시키는가?

③ 사회 · 정서발달의 증진

- 여러 명의 유아가 함께 가지고 놀 수 있는가?
- 유아가 놀잇감을 가지고 놀면서 성취감과 안정감을 느낄 수 있는가?
- 유아들 간에 언어적 · 사회적 상호작용을 촉진하는가?

4) 내구성

유아교육기관에 제공되는 놀잇감은 많은 유아들이 지속적으로 사용하므로 망가지는 경우가 많다. 따라서 놀잇감을 구입하거나 제작할 때는 놀잇감의 내구성을 고려해야 한다. 내구성은 놀잇감의 재질이나 구조, 각 부품의 견고한 부착 등에 의해서 결정될 뿐 아니라 보관과 관리가 얼마나 용이한가도 중요하게 작용한다. 즉, 놀잇감을 튼튼하게 잘 만드는 것도 중요하지만 보관과 관리를 하기 쉽도록 제작해야 놀잇감을 오래 사용할 수 있다.

2. 놀잇감의 종류

연령별로 놀잇감의 종류를 살펴보았다(김나영 외, 2008).

1) 0~12개월 영아의 놀잇감

이 시기의 영아는 손과 입으로 사물을 탐색하는 놀이를 한다. 또한 소리에 대한 반응을 즐기므로 옹알이 놀이나 음악, 노래 소리에 반응을 보이기도 한다. 이 시기가 되면 영아는 보다 운동능력이 발달하여 밀고당기기, 공 굴리기 등의 다양한 운동놀이를 할 수 있다. 감각운동적 놀이의 반복과 단순 모방행동에서 즐거움을 찾는다.

2) 1세 영아의 놀잇감

1세 정도가 되면 혼자 걷게 되면서 이동 영역과 관심 대상이 점차 확대된다. 또한 성인의 행동을 모방하거나 그림책 보기를 좋아하며 눈과 손의 협응력이 발달하여 소근육을 이용하는 모양 맞추기, 블록 등을 즐긴다.

3) 2세 영아의 놀잇감

이 시기 영아는 대 · 소근육 운동능력이 증진되어서 걷기, 뛰기뿐만 아니라 계단을 기어서 올라가고 내려갈 수 있다. 따라서 다양한 운동기술을 시험해 볼 수 있는 다양한 놀잇감을 제공한다. 소근육을 이용한 놀이도 활발해지며 가족 역할과 가정생활에 대한 상상놀이, 감각놀이도 즐긴다. 또한 자신의 주장과 독립성을 많이 요구하는 시기이므로 자율성을 고려한 놀이활동과 놀잇감을 제공한다.

4) 3세 유아의 놀잇감

3세 유아는 상상력이 풍부하여 극놀이에 흥미를 나타내며 언어발달이 현저하게 증진되어 말하는 것을 즐기고 말놀이를 좋아한다. 또한 이 시기는 비의도적이기는 하지만 자신이 노력하여 얻은 결과에 관심을 많이 보이므로 다양한 미술 재료와 같은 성취감을 느낄 수 있는 놀잇감을 제공해 주는 것이 좋다.

5) 4~5세 유아의 놀잇감

4세 유아는 대 · 소근육 발달에 있어 보다 더 정교해지며 지적 자극에 민감하게 반응하는 시기이므로 학습과 연관되는 놀이에 흥미를 가진다. 또한 성인의 인정을 받고 싶은 욕구가 강해지면 자유롭게 탐색하고 창의적으로 표현하는 놀이를 좋아한다. 따라서 다양한 조형 놀잇감과 운동 놀잇감, 역할 놀잇감을 제공하여 놀이가 활발히 이루어지도록 해야 한다.

6) 5세 유아의 놀잇감

이 시기 유아는 자신의 운동기술을 다양하게 시험해 보는 놀이를 많이 하며 자기 중심적인 사고에서 점차 벗어나 타인과 협력하는 규칙성 그룹놀이를 좋아한다. 그 밖에 주변 세계에 대한 호기심이 많아서 돋보기나 저울, 온도계 등으로 관찰하고 실험하는 놀이를 즐긴다.

|표 5-1| **연령별 놀잇감의 종류**

0세아를 위한 영역별 놀잇감

영 역	놀잇감
탐색조작	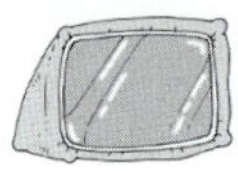 안전거울  딸랑이 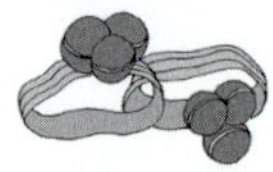 손목 딸랑이, 발목 딸랑이  촉감인형  모빌  천 혹은 플라스틱으로 된 그림책  오뚝이  (스펀지, 고무) 물놀이 용품
신 체	 감각놀이틀  잡고 서는 놀잇감  헝겊 공  깨물고 노는 놀잇감(치아 발육기)  작은 스펀지 블록(보들이 블록) 3~4조각

1세아를 위한 영역별 놀잇감

영 역	놀잇감
탐색조작	 누르면 튀어나오는 놀잇감  부분만 보고 전체 알아맞히는 놀잇감  물과 모래 놀이대  한 조각 퍼즐 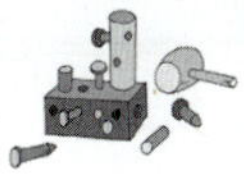 나무/플라스틱 큰 못  간단한 리듬악기 기구  음악상자(오르골)  모양 끼우기
창 의	 컵, 접시, 냄비  물놀이 인형  색 크레용 판
신 체	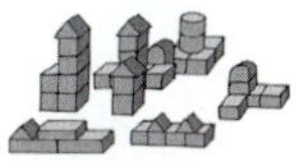 작은 적목 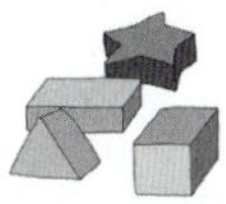 스펀지 블록  찍찍이 블록, 프리모 블록  작은 나무와 플라스틱 사람, 동물들  낮은 미끄럼틀  다양한 공  손수레  흔들말, 흔들물고기  끌차  유모차  가벼운 교통기관 놀잇감  승용자동차 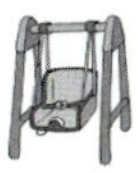 영아용 그네

2세아를 위한 영역별 놀잇감

영 역	놀잇감
조 작	쌓기 컵 고리 쌓기, 2~3조각 퍼즐, 과일 자르기 구슬 꿰기, 단추 끼우기, 음악 녹음테이프와 녹음기 안전가위, 크레용, 물감, 그림 붓, 반죽, 가위, 색종이
쌓 기	종이 벽돌 블록, 우레탄 블록, 큰 조각 레고 블록 블록과 사용할 소품, 운전대
역 할	가정용 소품(전화기, 부엌용품, 화장품 등), 밀가루 점토 인형, 인형옷과 소품, 퍼펫, 모자 가면
신 체	낮은 철봉, 사다리, 놀이집, 낮은 다목적 놀이틀 타고 오를 수 있는 공, 세발자전거

3세아를 위한 영역별 놀잇감

영 역	놀잇감
조 작	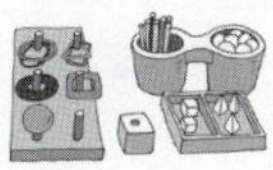 일대일 대응, 분류를 위한 놀잇감  실 꿰기 놀잇감  패그보드  퍼즐(5~10조각)  점토
쌓 기	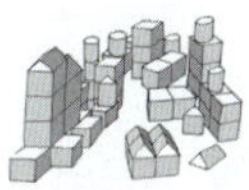 단위 적목 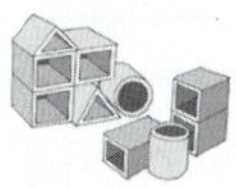 속이 빈 적목  작은 조각 레고 블록  나무/플라스틱 사람, 교통기관, 동물, 집, 공공기관  와플 블록
역 할	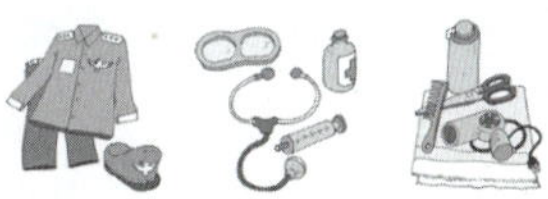 역할놀이를 위한 소품  막대인형  퍼펫  손가락인형
신 체	 매트와 터널  낮은 농구골대  트램펄린  볼트, 너트 등의 간단한 목공 놀잇감

4, 5세아를 위한 영역별 놀잇감

영 역	놀잇감
조 작	 수 이름 인식과 수 세기를 위한 놀잇감  서열화를 위한 놀잇감  글자 카드  탱그램  Table게임(빙고, 판 게임)  도미노  수수께끼 카드  기억카드게임  퍼즐(10~30조각) 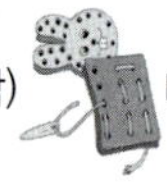 바느질 놀잇감
쌓 기	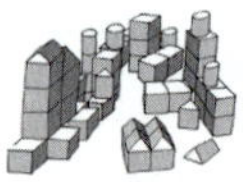 단위 적목  속이 빈 적목  작은 레고 블록  캐릭터 놀잇감  와플 블록, 꽃 블록, 끈 블록 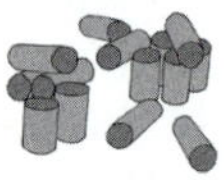 종이 원통 블록  교통표지판, 우주선
역 할	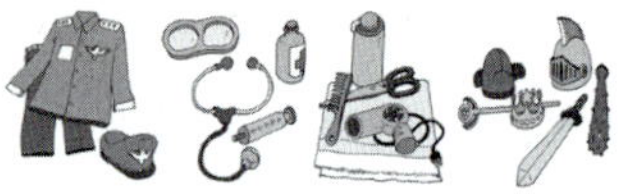 역할놀이, 동화놀이를 위한 소품 창의적 극놀이를 위한 소품
신 체	 볼트, 너트, 톱, 망치, 접착제 등의 목공놀잇감 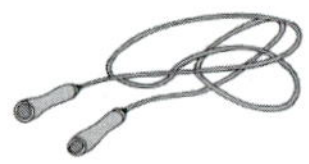 줄넘기 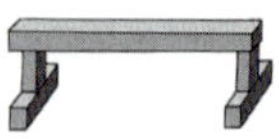 평균대 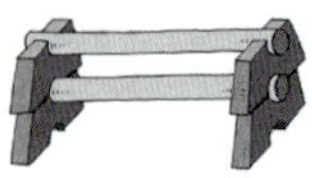 유니바 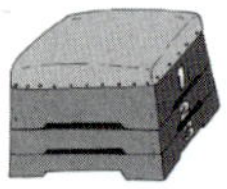 뜀틀  원반 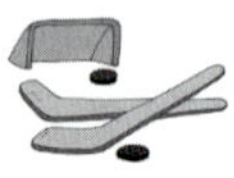 하키세트  게이트볼 세트  야구놀이 세트

출처 : 최석란 외(2006).

3. 기능에 따른 놀잇감의 종류

놀잇감의 기능에 따라 학습 놀잇감(instructional learning toys), 자연물과 폐품, 구성 놀잇감(constuructional), 실물모형(replication), 대근육 놀잇감(gross-motor), 그리고 전자 놀잇감(electronic toys)으로 나누어 살펴본다(Bronson, 1995; Levin, 1998; Johnson et al., 1999; Moyer, 1995; 최석란 외, 2008 재인용).

1) 학습 놀잇감

학습 놀잇감은 상품화된 놀잇감과 교사가 제작한 놀잇감으로서 영유아에게 특별한 기술이나 개념을 가르치기 위한 교육적 놀잇감이다.

눈과 손의 협응력, 퍼즐 쌓기, 놀잇감, 부분과 전체 혹은 크기의 개념을 알게 하는 놀잇감, 단추 끼우기와 신발 끈 묶기 등의 자조기술을 위한 자료, 색 구분과 색 이름 알기, 크기 순으로 배열하기, 분류 게임 등이다. 눈과 손의 협응력, 소근육 발달, 일대일 대응, 부분과 전체의 관계 이해하기 등을 돕는 놀잇감이다.

2) 자연물과 폐품

주변의 생활환경에서도 손쉽게 영유아에게 적합한 놀잇감을 찾을 수 있다. 우선 자연환

|사진 5-1| 자연물(나뭇잎과 나뭇가지)을 이용할 조형놀이활동

경을 살펴보면 모래, 흙, 물, 점토, 솔방울, 나뭇잎, 자갈 등이 있다. 또한 계절 변화에 따라 조개껍데기나, 단풍잎 등 새로운 자료를 손쉽게 첨가할 수 있다. 자연물은 형태가 정해져 있지 않아 유아가 마음대로 융통성 있게 사용할 수 있어 좋다.

3) 구성 놀잇감

다양한 크기와 소재로 만들어진 적목, 플라스틱 블록, 종이벽돌 블록 등이 있다. 학습 놀잇감과는 달리 사용 방법이 정해져 있지 않고 다양한 방법으로 사용할 수 있는 비구조적인 놀잇감이다.

4) 실물모형 놀잇감

일상생활에서 사용되는 물체 혹은 텔레비전, 만화 주인공 등을 복사 · 모방하여 만든 케릭터 놀잇감 등이 있다. 동물모형 소꿉놀이에 이용되는 인형의 집과 옷, 부엌용구, 교통기관 모형으로 자동차, 비행기, 상상적 모형인 슈퍼맨, 우주선 등으로 유아의 극놀이에 보조자료로 흔히 사용된다.

5) 대근육 놀잇감

영유아의 대근육 발달과 활동을 돕는 놀잇감으로 바깥놀이에서 많이 사용된다. 자전거, 줄넘기, 야구 글러브와 배트, 다양한 크기의 공 등이 포함된다.

6) 전자 놀잇감

과학기술의 발달로 영유아의 놀잇감에도 많은 새로운 기술이 적용되고 있다. 오늘날 CD-ROM 백과사전, 컴퓨터, 녹음기 등이 영유아의 생활에도 깊숙이 자리잡고 있다. 영유아에게 올바르게 전자 놀잇감을 사용하는 방법을 알려 주고 특히 영유아가 사용하는 소프트웨어 선정에 관심을 기울여야 한다. 영유아의 언어기술을 증진시키는 소프트웨어를 제공하고 수 · 과학 및 논리적 기술을 발달시키며 창의적인 표현을 증진하는 내용의 소프트웨어를 제공한다.

Chapter 6 놀이를 위한 실내·외 환경

놀이환경을 어떻게 구성하는가에 따라 영유아의 놀이 모습이 다양하게 나타날 수 있다. 영유아의 놀이를 위한 실내 · 외 환경구성에 대해 살펴본다.

1. 놀이환경의 중요성 및 환경구성 원리

영유아는 오랜 시간 동안 어린이집에서 생활해야 하기 때문에 보육시설이 편안하고 안전해야 하며 발달에 적합한 환경으로 구성되어야 한다. 잘 마련된 물리적 환경은 영유아의 탐색이나 놀이를 촉진시킬 뿐 아니라 유아의 행동을 조절하는 기능을 하기도 한다. 물리적 환경은 인지발달에 중요한 역할을 한다. 각 영역별로 주어진 교재나 교구에 따라서 영유아들의 학습이나 놀이행동이 달라지므로 물리적 환경과 영유아의 행동과는 밀접한 관계가 있다. 또한 물리적 환경은 영유아와 성인(교사)과의 상호작용에도 영향을 주기 때문에 바람직한 보육을 위해서는 영유아들의 발달에 적합한 물리적 환경이 구성되어야 한다. 또한 보육시설의 물리적 환경은 운영자의 교육철학과 보육목표를 달성할 수 있는 중요한 보육수단이 될 수 있으므로 보육환경은 영유아의 발달을 도와주고 그들의 생활 경험을 풍부하게 하는 조직적이고 합리적인 환경이 마련되어야 한다고 Piaget는 강조하였다. 이처럼 보육환경은 영유아에게 대단히 중요하다.

Frost(1986)는 보육환경 구성에 있어 흥미 영역 구성 시 건조하고 조용한 곳, 건조하고 활동적인 곳, 조용하고 물이 있는 곳, 활동적이고 물이 있는 곳으로 나누었다. 그리고 각 지역별 영역 구성을 다음과 같이 구분하였다.

- 제1영역(건조하고 조용한 곳) : 이야기 나누기, 책 보기, 쓰기활동, 수 조작
- 제2영역(건조하고 활동적인 곳) : 역할놀이, 음률놀이, 쌓기놀이, 목공놀이
- 제3영역(조용하고 물이 있는 곳) : 미술활동, 요리활동, 간식 영역
- 제4영역(활동적이고 물이 있는 곳) : 물 · 모래놀이, 물감놀이

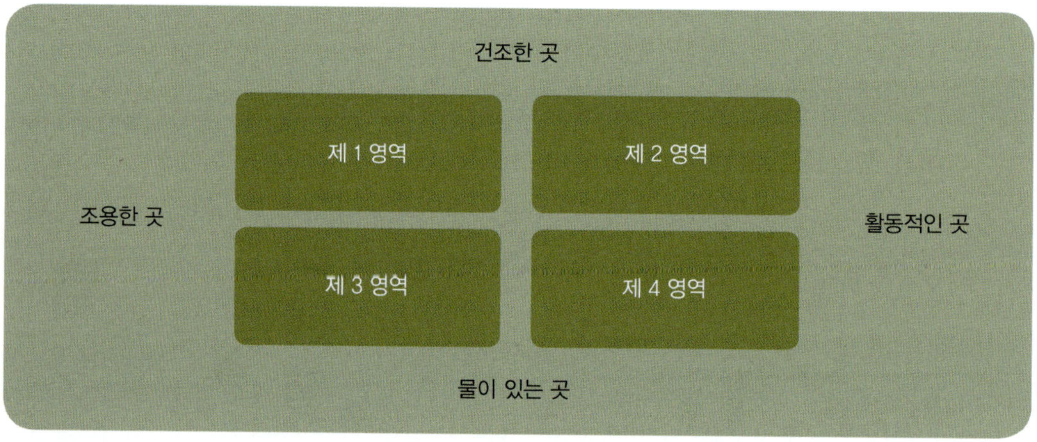

|그림 6-1| **흥미 영역의 배치 원리**

영아를 위한 보육환경을 구성할 때는 다음과 같은 사항을 고려해야 한다(여성가족부, 2005; 서울특별시, 2005b).

첫째, 영아가 정서적으로 안정감을 느낄 수 있도록 편안하며 영아의 발달에 적합해야 한다. 다양한 활동과 또래들과의 놀이를 즐기지만 혼자서 놀이에 몰두하거나 조용히 쉴 수 있는 개별 공간이 필요하기도 하다. 또한 교사를 위한 공간도 제공되어 교사도 영아와 함께 편리하고 편안하게 상호작용할 수 있는 안락한 환경을 구성해야 한다. 같은 연령이라도 개인에 따라 그 차이가 크므로 개별적 욕구가 충족되도록 환경이 제공되어야 한다.

둘째, 건강 및 안전을 고려한 환경이 제공되어야 한다. 면역력이 약한 영아들이 함께 생활하는 공간은 건강한 환경을 유지하기 위한 건강, 청결, 안전, 위생 관리가 지속적으로 이루어져야 한다. 발달에 따라 수유, 기저귀 갈이, 배변, 급 · 간식, 놀잇감 등의 제공이 프로그램에서 다루어지므로 항상 청결하게 유지 · 관리되어야 한다. 영아는 성인에게 많은 부분 의존해 있지만 자유롭게 움직이고 활동하며 새로운 활동에 도전하고자 하므로 교사는 안전과 함께 견고한 놀잇감을 준비하며 동선을 고려하여 교구와 놀잇감을 배치해 주어야 한다.

셋째, 다양한 탐색과 학습을 위한 환경이어야 한다. 영아는 자유로운 이동을 하면서 다양한 물건을 가지고 놀이하나 오랫동안 집중하지 않고 이것저것 탐색한다. 차차 연령이 높아질수록 놀이나 물건에 대한 탐색과정의 선택이나 선호가 다양하거나 좁아지면서 집중시간이 길어진다. 보육시설에서는 안전한 환경 속에서 예측 가능하면서도 흥미롭고 도전해 볼 만한 것들이 제공되고 스스로 찾아서 선택할 수 있는 풍부한 기회가 제공되는 환경과 분위기가 중요하다.

넷째, 영아가 2세가 되면 신체를 조절하고 움직이는 기술이 더욱 세련되고 환경과의 상호작용도 더욱 적극적으로 이루어지므로 다양하고 구체적인 환경을 구성해 주어야 한다. 놀이실의 크기와 환경을 고려하여 비슷한 영역을 함께 구성할 수도 있다.

유아를 위한 실내 환경구성의 기본 요소를 설명하면 다음과 같다(Kostelnik, 1997).

첫째, 안전이 보장되는 환경에서 유아는 자유롭게 움직이고 탐색하고 새로운 도전을 시도할 수 있다. 교사도 이러한 환경에서 유아를 살필 수 있고 단순히 아동의 행동을 감시하기보다는 함께 놀 수 있다.

둘째, 건강을 유지할 수 있는 환경이어야 질병과 감염 가능성을 줄인다.

셋째, 편안함을 느끼며 생활할 수 있는 공간에서 유아와 교사는 편안히 쉬며 서로를 즐겁게 해 준다.

넷째, 편리하게 생활할 수 있도록 고려된 환경은 유아와 교사의 욕구를 충족시키고 활동하기에 편리하다.

다섯째, 아동의 신체 크기가 고려된 공간 속에서 유아 스스로 관심 있는 것을 탐구해 볼 수 있다.

여섯째, 융통성 있게 공간을 변경시킬 수 있어야 한다. 유아의 활동이나 관심이 변화할 때마다 공간을 재정리함으로써 융통성 있는 환경을 만들어 준다.

일곱째, 이동성이 보장되는 공간 속에서 유아는 신체적 기술을 연습해 볼 수 있으며 사고 능력을 발달시킨다.

여덟째, 유아의 요구에 따라 놀잇감이나 활동을 선택할 수 있는 공간이어야 한다.

아홉째, 개인적 생활이 보장되는 공간이 준비되어서 유아가 지치고 피곤할 때 쉴 수 있어야 한다.

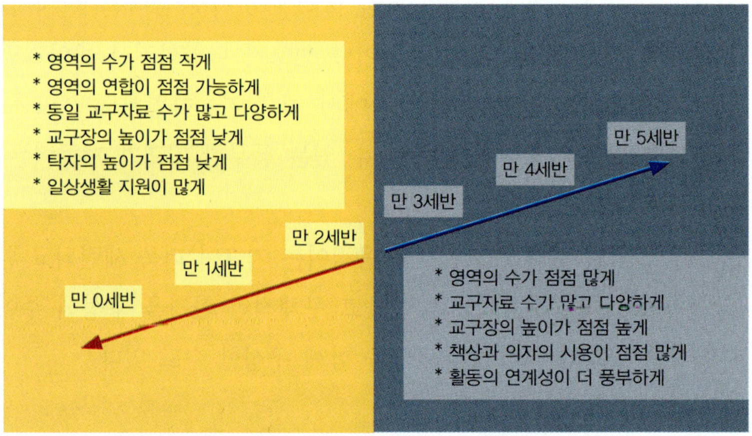

|그림 6-2| **영역 구성을 위한 놀이 연령별 참고사항**

▶ 하루 일과를 통한 놀이의 구성 원리

프로그램을 구성하는 데 여러 기본적인 원리를 바탕으로 해야 한다. 먼저 기본적인 욕구 충족을 기본으로 하며 건강하고 안전한 보호를 중시해야 하고 영유아의 생활리듬을 고려하여 편안하고 유익한 일과 계획을 구성해야 한다. 또한 전인적 발달을 촉진할 수 있어야 하며 여러 교육활동이 상호 연계된 프로그램이 바람직하다. 발달 연령에 맞는 보육프로그램이 제공되어야 하고 지역사회의 특징을 고려한 보육 기능의 역할을 하는 것이 바람직하다. 마지막으로 가정 복지를 실현할 수 있도록 해야 한다.

또 하루 일과 구성 시 다음과 같은 내용들이 반영되어야 한다(이영자, 1995).

- 생리적 욕구(식사, 낮잠, 휴식, 배변)를 충족해 주어야 한다.
- 전인적인 발달을 촉진할 수 있어야 하며 발달 수준이 고려되어야 한다.
- 보호와 교육은 분리될 수 없으므로 일상생활 속에서 통합되어 다루어지도록 한다.
- 하루 종일 보육기관에 있으므로 편암함과 안정감, 따뜻함을 느낄 수 있어야 한다.
- 생활에 피로가 쌓여서 심신의 건강을 해치는 일이 없도록 유의해야 한다.
- 신체, 정서적인 측면이 강조된 기본적인 생활이 고려되어야 한다.
- 건강, 영양, 안전, 위생 등의 기본생활습관의 태도를 형성하도록 도와야 한다.
- 사회생활 태도를 익힐 수 있도록 해야 한다.
- 부모들의 개별적인 요구와 특성을 반영해야 한다.
- 지역사회의 특성을 반영하여 운영해야 한다.
- 영유아에게 일어나는 모든 사건과 활동들을 섬세하게 담아낼 수 있어야 한다.
- 교사와 영유아가 수월하게 지낼 수 있도록 적절한 계획과 조직이 필요하다.

▶ 하루의 흥미로운 놀이 일과가 되기 위해 갖추어야 할 요소(김정원 외, 2006).

- 지속적이면서 융통성이 있어야 한다.
- 놀이로부터 최대한 이익을 얻을 수 있도록 일과표를 변경하는 것이 필수적이다.
- 동적인 활동과 정적인 활동이 균형을 이루어야 한다.
- 자유선택활동의 기회를 많이 제공한다.
- 영유아 스스로 놀이를 시작하고 참여할 수 있도록 도와야 한다.
- 발달에 적합한 활동의 양을 제공한다.
- 활동을 마무리하도록 몰아세워서는 안 된다.
- 장시간 같은 활동으로 지루하게 만들어도 안 된다.
- 하루 일과는 개인적인 욕구에 기초해야 한다.
- 교사는 각 유아의 개인적인 식사 패턴이나 요구를 주의 깊게 관찰해야 한다.

교사가 하루 일과를 계획해야 하는 이유는 하루를 조직할 수 있고 하루가 부드럽게 진행되도록 도와야 하기 때문이다. 교사와 유아가 스트레스를 덜 받고 즐겁게 지내도록 도울 수 있으며 사건의 순서를 세울 수 있는 점도 있다. 식사시간 전에 미리 손을 씻는 준비를 하는 것과 같이 일과를 미리 알 수 있고 정적 활동, 동적 활동의 순서를 조절할 수 있다. 활동이 얼마나 오랫동안 지속되는지를 알려 주기도 하고 수업의 융통성을 발휘할 수도 있다. 영유아들이 예견하는 것을 배우도록 하게 하고 다음 번에 무엇을 할 것인지 유아들이 미리 알 수 있다. 따라서 환경을 신뢰하고 탐색하며 학습할 수 있어 안정감을 줄 수 있다. 영유아가 자기 주변에 일어나고 있는 일을 관찰하게 되고 자기 주변의 세상에 대한 감각을 키울 수도 있게 된다. 시간에 대한 감각을 가질 수 있고 영유아들이 자신들에게 기대되는 것이 무엇인지 알도록 도움을 줄 수도 있으며 활동이 바뀌더라도 당황하지 않게 되는 효율성을 가질 수 있다.

|표 6-1| **일일활동 계획표**

(   ) 월 (   ) 일   날씨 (   )   (   ) 반   이름 (   )

영 역		계 획	평 가
쌓기	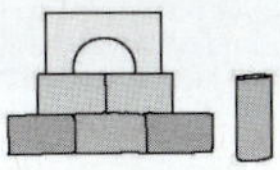		
역할			
언어			
수 · 조작			
과학			
조형			
음률			
컴퓨터			
실외	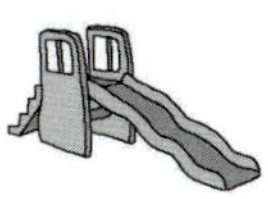		

출처 : 이숙재(2006).

|표 6-2| **주간놀이 계획표**

날 짜 : 월 일 ~ 일

이 름 :

영역	요일	월	화	수	목	금
언어	계획					
	평가	☺ 😐 ☹	☺ 😐 ☹	☺ 😐 ☹	☺ 😐 ☹	☺ 😐 ☹
과학	계획					
	평가	☺ 😐 ☹	☺ 😐 ☹	☺ 😐 ☹	☺ 😐 ☹	☺ 😐 ☹
수 · 조작놀이	계획					
	평가	☺ 😐 ☹	☺ 😐 ☹	☺ 😐 ☹	☺ 😐 ☹	☺ 😐 ☹
쌓기놀이	계획					
	평가	☺ 😐 ☹	☺ 😐 ☹	☺ 😐 ☹	☺ 😐 ☹	☺ 😐 ☹
음률	계획					
	평가	☺ 😐 ☹	☺ 😐 ☹	☺ 😐 ☹	☺ 😐 ☹	☺ 😐 ☹
창의적 놀이	계획					
	평가	☺ 😐 ☹	☺ 😐 ☹	☺ 😐 ☹	☺ 😐 ☹	☺ 😐 ☹
미술	계획					
	평가	☺ 😐 ☹	☺ 😐 ☹	☺ 😐 ☹	☺ 😐 ☹	☺ 😐 ☹
역할놀이	계획					
	평가	☺ 😐 ☹	☺ 😐 ☹	☺ 😐 ☹	☺ 😐 ☹	☺ 😐 ☹
컴퓨터	계획					
	평가	☺ 😐 ☹	☺ 😐 ☹	☺ 😐 ☹	☺ 😐 ☹	☺ 😐 ☹

출처 : 박찬옥 외(2005).

유아들이 작성한 자유선택놀이표의 예이다.

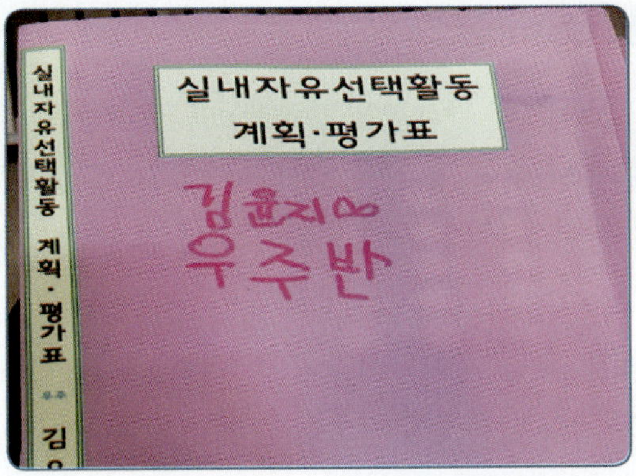

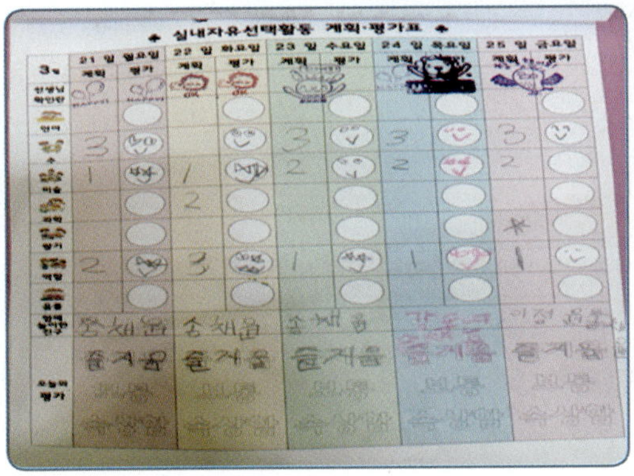

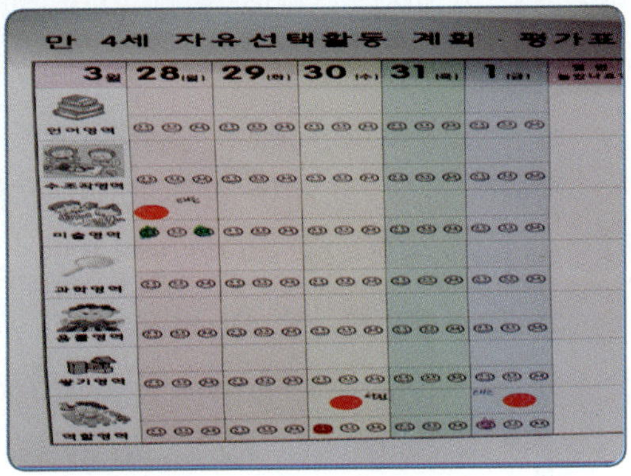

2. 영유아를 위한 놀이환경

1) 영아반을 위한 환경구성

영아의 기본 욕구와 활동성 및 감각적인 탐색활동을 장려할 수 있는 공간이 제공되어야 하며 집과 같은 분위기를 조성하여 영아가 편안하며 개별적인 보호를 받을 수 있는 곳이어야 한다. 영아반 환경구성을 위해서는 다음과 같은 점에 유의해야 한다.

- 영아의 발달에 적합한 환경이어야 한다.
  영아의 발달 특성상 생리적 욕구에 기초한 기저귀 갈이와 낮잠, 수유, 식사 영역 등의 생활 영역은 기본적으로 구성되어야 한다.
- 건강 및 안정을 고려한 환경이어야 한다.
  신체적으로 면역성이 약하고 장시간 동안 많은 영아들과 생활하기 때문에 건강한 환경을 위한 청결 및 위생관리가 무엇보다도 중요하다.
- 정서적 안정감을 주는 환경이어야 한다.
  영아가 가정과 같은 편안함과 안정감을 느낄 수 있는 아늑한 환경 조성이 필요하다.
- 탐색을 위한 환경이어야 한다.
  자유로운 이동을 통해 여러 가지 물건을 만져 보고 던져 보고 한 가지 물체나 활동에 오래 집중하지 않고 이것저것 탐색하는 행동을 할 수 있는 환경이어야 한다.
- 움직임과 이동성을 고려한 환경이어야 한다.
  영아가 갖고 있는 움직임과 이동의 욕구를 적극적으로 수용하고 다양한 대 · 소근육 활동을 함으로써 신체조절능력을 증진시킬 수 있도록 자극하고 지원하는 환경을 말한다.

(1) 영아반을 위한 실내환경

- 정적인 영역 : 기저귀 교환 테이블, 유아용 침대, 모빌, 수도가 있는 싱크대, 흔들의자
- 동적인 영역 : 유아용 의자, 작고 받침대가 있는 기어오르는 기구, 장난감과 거울, 흔들의자, 작은 테이블과 의자

• **그 밖의 기구들** : 성인용 부엌, 유아 크기의 싱크대, 개별적으로 아늑한 곳, 거울, 보행기, 게시판, 이젤, 유아용 변기, 장난감을 두는 작은 선반

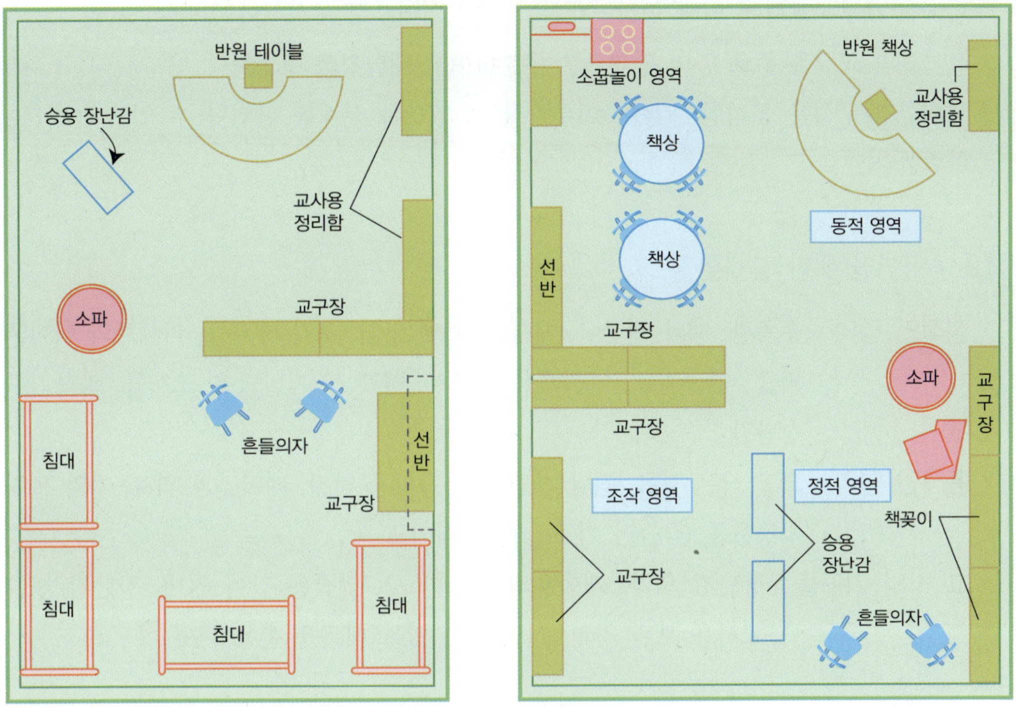

|그림 6-3| **영아반 환경**

출처 : Wortham(1998: 127). Early childhood curriculum: Developmental bases for learning and teaching, 공인숙 외(2005) 재인용.

|사진 6-1| **영아반 환경**

2) 유아반을 위한 환경구성

- 실내환경을 구성함에 있어 유아교육 환경 내의 물리적인 경계뿐 아니라 영역 내에 포함되는 교구 · 교재에 의해 구성 · 배치된 흥미 영역으로 구성해야 한다.
- 유아들의 교실은 주로 흥미 영역으로 구분하여 실내환경을 구성한다.
- 실외환경 구성은 동적인 활동이 이루어질 수 있도록 신체를 단련할 수 있는 놀이터를 마련한다.

(1) 유아반을 위한 실내환경

- **정적인 영역** : 수족관, 책과 책꽂이, 게시판, 카펫 영역, 조작 재료들, 카세트와 이어폰, 퍼즐, 미술재료, 이젤책상과 의자, 퍼펫, 인지발달용 교재들, 과학기구, 장난감
- **동적인 영역** : 크고 작은 블록, 집단 게임도구, 음악용 악기, 테이블과 의자, 차와 트럭, 가정용품, 극놀이 기구, 카세트테이프
- **그 밖의 기구들** : 장난감 의자, 개인용의 아늑한 곳, 낮잠용 간이 침대, 장난감 선반, 교사용 보관 영역, 이동할 수 있는 대근육 운동기구

|사진 6-2| 만 4세 어린이집 실내환경

|사진 6-3| 만 5세 어린이집 실내환경

3. 영유아를 위한 흥미 영역 구성

놀이를 활성화하기 위해 영유아의 흥미 중심으로 영역을 구분하여 환경을 구성하는 것이 바람직하다. 흥미 영역은 기관의 교육목적, 교육과정 운영, 영유아의 흥미 또는 교사의 판단에 따라 달라지고 사정에 따라 변화될 수 있다. 보육목표, 프로그램의 운영 형태, 영유아의 발달 수준과 흥미 및 교사의 능력에 따라 다르며 주기적으로 변화 · 추가 · 수정되어야 하므로 정해진 기준을 제시하기는 어렵다(권영례, 유안진, 1993).

일반적으로 활동 영역에는 소꿉놀이 영역, 음률놀이 영역, 조작놀이 영역, 과학 영역, 쌓기놀이 영역, 목공놀이 영역, 언어 영역, 미술 영역, 물놀이 영역, 모래놀이 영역, 컴퓨터 영역 등이 있으며 내용은 다음과 같다(권영례, 유안진, 1993; 서영숙, 김경혜, 2003; 이경우, 2002; 이기숙, 2001; 중앙대학교 사범대학 부속유치원, 2009; Hendrick, 2003; Spodek, 1991). 사진 자료는 서울시 보육정보센터 및 인터넷과 어린이집 현장의 영역 사진을 첨부하였다.

1) 역할놀이 영역

유아는 역할놀이(소꿉놀이)를 통해 실생활의 역할을 연장하고 다양한 역할을 해봄으로써 내적인 욕구를 표현하고 자아를 성취하며 책임감을 발달시킬 수 있다. 다양한 어휘를 사용함으로 언어발달에도 도움이 된다. 유아가 자신의 경험이나 희망, 요구에 따라 자유롭게 놀이를 구성하고 표현하면서 부정적 감정을 발산해 정서적 안정과 창조력도 키울 수 있다. 역할놀이를 통해 가족의 역할 및 자신이 흥미롭게 느꼈던 사건이나 경험을 재현하며 언어적 상호작용 및 사회성 발달을 촉진할 수 있고 문제 해결 및 창의성이 증진된다.

|사진 6-4| 역할놀이 영역

2) 음률 영역

음률활동은 정서적 감정을 풍부히 하고 감각 기능을 발달시킨다. 이 영역은 다양한 악기를 구비한 곳으로 음을 만들고 듣고 몸을 움직이며 함께 연주하는 곳이므로 시끄럽고 건조한 곳에 둔다. 바닥은 마룻바닥이나 카펫을 깔아 주는 것이 좋다. 악기 장을 마련해 주고 각 악기의 위치에 악기 그림이나 악기의 윤곽을 그려서 붙여 주어 유아 스스로 사용한 후에 정돈할 수 있도록 한다. 음률 영역을 통해 음악을 듣고 노래 부르며 여러 가지 악기를 자유롭게 탐색할 수 있다.

|사진 6-5| 음률 영역

▶ 신체표현

움직이면서 자신의 생각과 느낌을 표현하므로 억제된 감정을 해소할 수 있다.

|사진 6-6| 음악에 맞추어 신체표현하는 모습

3) 조작놀이 영역

조작활동은 앉아서 하는 동안 긴장이 풀리고 활동에 열중할 수 있으며 수의 조합, 계산, 기하학적 개념, 크기, 색채, 위치, 형태 등에 대한 개념과 비교능력을 발달시켜 논리-수학적 사고의 발달을 돕는다. 눈과 손의 협응능력을 발달시키며 창의적인 구성능력을 배양하고 시각 · 촉각 등 감각기관을 발달시키고 주의력과 인내력을 키울 수 있다. 언어, 수 · 과학 영역과 인접하여 조용하고 건조한 곳에 배치한다. 큰 적목이나 공간 적목 등은 대근육의 발달을 돕지만 조작 놀잇감은 소근육 발달 및 개념발달을 돕는다. 수 · 조작 영역을 통해 여러 가지 조작물이나 카드자료를 이용하는 놀이로서 짝짓기, 분류, 비교, 기본 수 세기 등의 활동을 즐길 수 있다.

|사진 6-7| 조작 영역 및 교구를 가지고 놀이 중인 모습

4) 과학 영역

과학학습은 유아 주변 어느 곳에서나 이루어질 수 있다. 과학 영역에서 유아는 자연물을 보고 만지고 감상 · 탐구함으로써 동물과 식물, 생물과 무생물, 물질의 성질 등에 대해 이해가 되는 것이다. 줄자, 막대자, 계량컵, 수저, 저울, 온도계, 체온계 등과 같은 측정도구와 시험관, 비커와 같은 실험 자료도 비치한다.

과학 영역을 통해 동 · 식물 기르기, 관찰하기, 여러 가지 기구와 재료를 가지고 실험 및 탐색할 수 있다.

|사진 6-8| 과학 영역 및 수족관을 탐색하는 모습

|사진 6-9| 물의 흐름을 탐색할 수 있는 교구

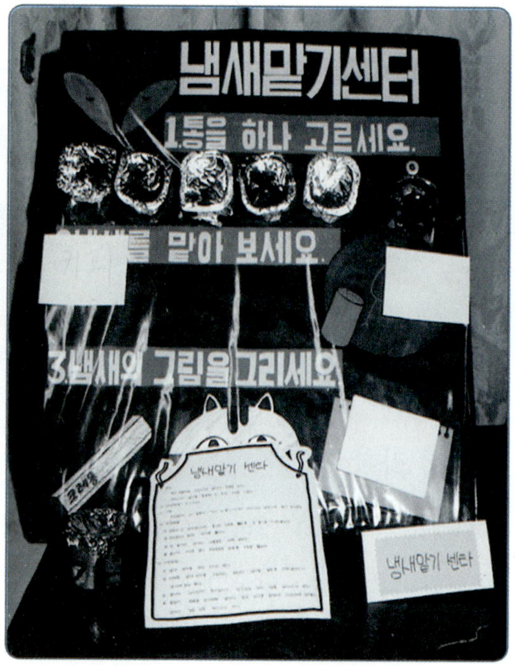

|사진 6-10| 냄새를 통한 관찰 및 탐색

▶ 요리

재미있는 요리활동을 통해 재료의 변화과정을 관찰할 수 있고 과학적 사고도 키울 수 있다. 또한 요리활동을 통해 통합교육을 할 수 있다.

|사진 6-11| 요리활동하는 유아들

5) 쌓기놀이 영역

다양한 블록과 소품을 적절하게 제공하여 자유롭고 창의적인 활동을 할 수 있도록 하고

|사진 6-12| 쌓기놀이 영역 및 쌓기놀이하는 모습

쌓기놀이를 통해 긍정적 자아개념을 형성할 수 있다.

적목은 깨지는 물건이 아니기 때문에 구조물을 만들었다가도 무너뜨리고 싶은 욕구를 자유롭게 발산하게 하며 쌓고 무너뜨리는 과정을 통하여 욕구 충족과 건설의 의지를 고무시킨다. 유아는 쌓기활동을 통해 협동적 활동의 증가와 사회 습관을 형성하며 책임감을 키울 수 있다. 구조물을 만들기 위해 정확한 관찰력과 측정 기술을 익히게 되므로 도형, 크기, 비율에 대한 개념을 발달시킬 수 있다.

6) 목공놀이 영역

초기에는 나무를 사용하는 것이 힘들기 때문에 스티로폼 조각에 못으로 망치질을 하게 하면 쉽게 놀이를 할 수 있다. 유아는 나무를 자르고, 붙이고, 못질하고, 무엇인가를 만들어 보면서 나무의 성질과 촉감, 특성 등을 알 수 있다. 위험성이 따르는 작업이므로 교사는 안전관리에 특히 신경을 써야 한다.

7) 언어 영역

책장은 유아의 흥미에 맞춰 유아가 스스로 책을 선택하고 다 본 후 제자리에 놓을 수 있도록 유아의 키에 맞게 낮게 하고 양면 책꽂이는 책의 전면에 전부 보이도록 진열하며 개방할 수 있으며 영역 간 구분을 할 수 있다. 조용하고 밝고 따뜻하고 안정된 분위기에서

|사진 6-13| 언어 영역

|사진 6-14| **언어 전달놀이 하는 모습**

|사진 6-15| **이야기 나누기 시간, 선생님의 이야기에 모두 집중하고 있는 모습**

집중할 수 있도록 꾸민다.

언어 영역을 통해 듣기, 말하기, 읽기, 쓰기의 다양한 활동을 통해 언어능력을 발달시킬 수 있으며 상상력을 자극할 수 있다.

▶ 동화 듣기

영유아들이 가장 좋아하는 매체로서 동화를 들으며 언어발달 및 상상력 발달 향상에 도움이 된다.

|사진 6-16| **선생님과 함께 동화 듣기, 동화책 보기**

8) 미술 영역

미술활동을 하는 동안 유아는 현재의 감정 상태와 상상을 표현함으로써 욕구불만과 공격성을 해소시켜 정서적 만족을 얻을 수 있으며 자신의 작품과 타인의 작품을 감상하는 동안 심미감이 육성된다. 손가락 그림, 물감 그리기, 풀칠하기, 판화, 점토, 만들기, 꾸미기 등의 다양한 활동이 이루어지므로 활동적이고 물을 사용할 수 있는 곳에 배치한다.

조형활동 영역을 통해 만들기, 그리기, 칠하기, 구성하기 등의 미술활동을 통해 즐거움을 느낄 수 있다.

|사진 6-17| 미술 영역

|사진 6-18| 미술 영역에서 활동 중인 모습

9) 물놀이 영역

물은 싸고 손쉽게 준비할 수 있는 놀이 자료로서 영유아가 모두 좋아한다. 크고 작은 도

|사진 6-19| 여름철 물놀이하는 유아들

구를 사용하여 실험해 보고, 띄워 보고, 씻고, 목욕시키고, 뿜어 올리고, 휘저어 보며 대 · 소근육을 발달시키고 다양한 감각 경험을 갖게 해준다.

10) 모래놀이 영역

모래놀이는 자연 세계를 이해하고 사회 · 정서적 발달을 촉진한다. 다른 유아와 경쟁하지 않는 모래놀이 활동은 유아에게 독립심, 문제 해결 능력, 창의력을 키워 주며 자신의 능력을 긍정적으로 생각하고 평가하는 기회를 제공한다. 유아들이 모래를 머리에 뿌린다거나 손으로 눈을 비비거나 모래를 먹는 등 위험한 경우가 생길 수 있으므로 조심스럽게 감독해야 한다.

▶ 물 · 모래놀이 활동으로 얻을 수 있는 효과

- 부피와 무게를 가진 물과 모래를 통해 인지발달을 촉진할 수 있다.
- 주의집중력을 신장시킨다.
- 정서발달에 효과가 있으며 긴장감을 해소할 수 있다.
- 상상하고 생각한 것을 실패의 두려움 없이 활동하는 것을 배울 수 있다.
- 긍정적인 자아개념 확립에 도움이 된다.
- 촉감적 감각경험을 제공한다.

- 사회성 발달과 언어발달을 촉진한다.
- 물을 쏟고 뿌리고 뒹굴며 대소근육 발달 및 협응력을 키워준다.

|사진 6-20| 옥상에 있는 모래놀이 도구

11) 기본 환경구성 자료

활동 영역 구성 후 날짜판, 날씨판, 생일판, 당번 표시판, 간식판, 게시판 등의 기본 환경 구성 자료를 준비한다.

|사진 6-21| 기본 놀이환경 구성 자료

4. 실외환경

보육시설의 실외 공간은 영유아에게 개념 학습의 기회, 기술과 사회적 관계의 발달 기회, 창작 활동의 참여 기회, 놀이활동을 통해 즐기는 기회를 제공하므로 영유아를 위해서 필수적인 공간이며 실내 공간의 연장으로서 영유아의 전인 발달에 도움을 주고 안전해야 한다.

실외 놀이터에는 복합 놀이기구, 그네, 흔들말, 정글짐, 미끄럼틀 등의 놀이 기구를 설치할 수 있으며, 세발자전거와 영아용 유모차 등을 비치할 수 있다. 다양한 기구들은 아이들이 근육을 사용하여 협응능력을 기르는 데 도움을 준다. 미는 장난감, 기어오르는 기구, 그네, 장난감 집, 모래 파내는 도구 등은 실외 영역의 기본적인 기구들이다. 종합 놀이대는 여러 아동이 동시에 즐길 수 있고 다양한 활동을 할 수 있다. 또 아름다운 색상이나 모양으로 아동의 흥미를 끌어 외부 사람으로 하여금 그곳에 어린이집이 있음을 알려 주는 기능도 한다.

▶ 실외놀이활동

- 제한된 공간을 벗어나 놀이하면서 긴장감을 해소할 수 있다.
- 하루 2회 이상 실외놀이 계획을 하는 것이 바람직하다.
- 교사는 안전을 위하여 늘 긴장하고 사고에 대처할 수 있어야 한다.
- 자연의 변화를 관찰할 수 있다.

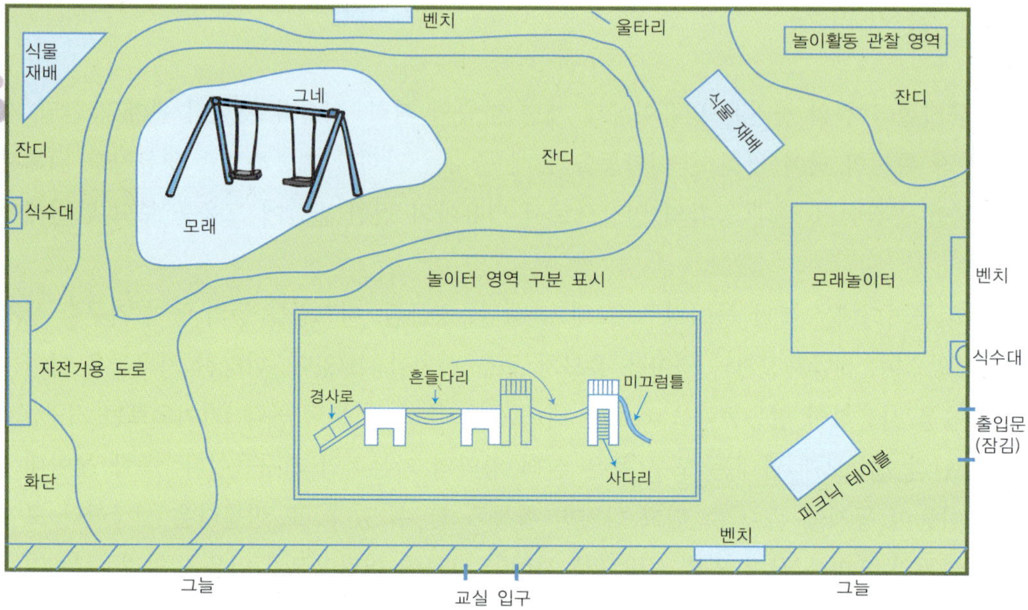

|그림 6-4| 유아를 위한 실외놀이 환경구성

출처 : White, C. S., & Coleman, M. (2000), p.313.

|사진 6-22| 영아를 위한 실외놀이 환경구성

|표 6-3| **보육시설 놀이환경 점검표**

점검 내용	예	아니오	비고
1. 보육실에 자연 채광이 충분하고 조명시설이 적절하며 제대로 작동하는가?			
2. 환경구성은 주제에 맞게 구성되었나?			
3. 보육실 내의 게시물은 유아의 눈높이에 맞게 전시되었는가?			
4. 각 영역의 교재 · 교구는 스스로 정리할 수 있도록 되어 있는가?			
5. 교실환경은 따뜻하고 안정된 느낌을 주는가?			
6. 교실의 벽면과 공간을 잘 활용하였는가?			
7. 아동의 개별성이 존중되는가?(예 : 개인 사물함이 있고 휴식 영역이 있다)			
8. 교사의 서류 및 자료는 잘 정돈되어 있는가?			
9. 다양한 활동 경험을 할 수 있도록 흥미 영역이 효율적으로 배치되어 있는가?			
10. 유아들이 각 영역의 자료를 자율적으로 사용할 수 있는가?			
11. 언어활동 자료가 듣기, 말하기, 읽기, 쓰기의 네 영역별로 다양하게 마련되어 있는가?(예 : 카세트테이프/손인형, 막대동화/종이, 굵은 연필, 색연필/다양한 크기와 종류의 그림책, 헝겊책 등)			
12. 언어활동 자료가 영유아의 수에 따라 충분히 있는가?			
13. 수활동을 위한 자료가 다양하게 마련되어 있는가?(예 : 커다란 단추, 병뚜껑, 다양한 수 게임 자료, 주사위와 판 등)			
14. 과학활동을 위한 자료가 다양하게 마련되어 있는가?(예 : 자석, 돋보기, 돌, 나무껍질, 조개껍데기, 살아 있는 곤충, 키울 수 있는 동식물 등)			
15. 미술활동을 위한 자료가 다양하게 마련되어 있는가?(예 : 크레파스, 색연필, 풀, 수수깡, 빨대, 색실, 가위, 폐품류, 점토 등)			
16. 음악과 동작활동을 위한 자료가 다양하게 마련되어 있는가?(예 : 리듬막대, 탬버린, 실로폰, 음악테이프, 카세트 플레이어, 그림악보, 색 보자기, 리본 테이프 등)			
17. 음악과 동작활동을 위한 자료가 충분히 있는가?			
18. 극놀이를 위한 자료가 다양하게 마련되어 있는가?(예 : 이야기의 전개에 필요한 다양한 소품들, 옷, 모자, 배경그림 등)			
19. 역할놀이를 위한 놀잇감이 다양하게 마련되어 있는가?(예 : 다양한 복장의 옷, 다양한 구두와 신발류와 장신구, 가방류, 모자류, 음식 모형, 그릇류, 인형류 등)			
20. 쌓기놀이를 위한 놀잇감이 다양하게 마련되어 있는가?(예 : 종이 블록, 유니트 블록, 속 빈 블록, 우레탄 블록, 작은 자동차나 표지판, 동물 모형 등)			
21. 보육실 내에 놀이를 하고 싶지 않은 영유아가 혼자 쉴 수 있는 공간이 있는가?			

출처 : 평가인증사무국.

Chapter 7 놀이에 영향을 미치는 요인

영유아의 놀이에 영향을 미치는 요인으로는 크게 사회적 환경요인과 물리적 환경요인을 들 수 있다. 사회적 환경요인으로는 또래, 교사, 부모 등을 들 수 있고 물리적 환경요인으로는 놀이공간 및 배치 놀잇감 등을 들 수 있다. 또 영유아가 속해 있는 사회문화적 요인 등을 들 수 있다.

1. 사회적 환경요인

1) 또래의 영향

유아의 사회 · 인지발달 정도는 또래와의 상호작용에 영향을 미친다. 일반적으로 유아는 동년배의 유아와 놀이할 때보다는 자신보다 나이가 많은 유아와 놀이할 때 보다 정교하고 성숙된 유형의 놀이행동을 하고 자신보다 어린 유아들과 놀이를 하고 말을 할 때 나이 많은 유아는 간단한 언어를 구사하려고 노력한다.

Hartup(1983)에 의하면 놀이 대상자의 연령보다는 놀이 대상자의 친숙함이 놀이행동에 좀 더 많은 영향을 미친다고 한다. 예를 들면, 혼자 있을 때보다는 친한 친구와 놀이활동을 할때 놀잇감을 좀 더 다양하게 사용하며 역할놀이 활동에서도 친한 친구가 있으면 놀이행동이 더 다양해지고 성숙된 활동을 하고 더 오래 지속된다(지성애, 2001).

2) 또래의 성과 연령

유아는 동성의 또래를 선호하며 비슷한 연령의 또래와 놀이하는 것을 선호한다. 놀이에서 동성 또래 선호로 인하여 교실에서 여아는 여아들과 남아는 남아들과 노는 모습들을 쉽게 관찰할 수 있다. 그러나 동성 또래와의 놀이뿐만 아니라 혼성놀이 또한 유아에게 다양한 사회적 기술을 알려 준다는 점에서 유아에게 동성 또래뿐만 아니라 이성 또래와의 상호작용을 촉진시키는 것이 중요하다. 따라서 교사는 교실에서 여아와 남아가 함께 상호작용하는 기회를 증가시킬 수 있는 방안을 생각해야 한다(최석란, 2006).

동일 연령이나 어린 또래보다 연령이 높은 또래에 의해 쉽게 유아의 사회적 상호작용이

|사진 7-1| 동성끼리의 놀이

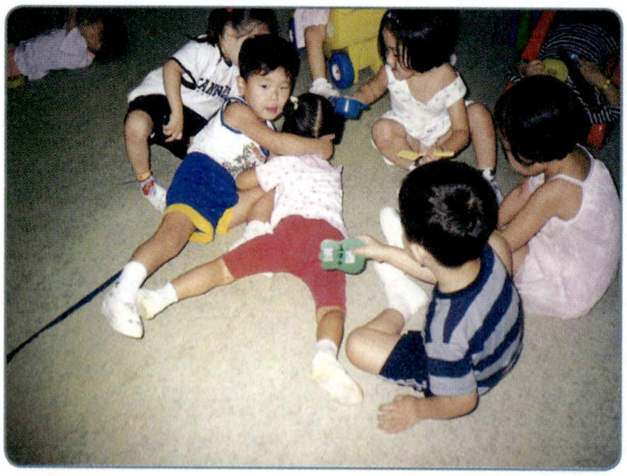

|사진 7-2| 남아와 여아의 함께놀이

촉진되는 것을 볼 수 있다. 이는 연령이 높은 유아가 놀이의 진행 과정에서 지도자의 역할을 담당하여 연령이 낮은 유아를 이끌어 주기 때문인 것으로 보인다.

3) 교사의 영향

영유아의 놀이발달에 교사의 역할은 부모의 영향 못지않게 중요하며 적절한 교사의 개입이야말로 영유아의 내면세계를 표현하는 데 도움을 줄 뿐 아니라 영유아의 효능감은 영유아의 원활한 상호작용과 청의성의 촉진 및 문제 해결력에 도움을 줄 수 있는 요인으로 작용한다. 이 외 교사의 역할은 놀이의 지속시간 증대, 상호 협력활동을 통해서 의사소통능력과 역할 모델 등 다양한 효과를 가져올 수 있다(신유림 외, 2007).

교사는 놀이지도에서 유아에게 적합한 놀이를 제공하고 놀이가 흥미롭게 지속될 수 있도록 도와주며 현재의 놀이 수준보다 더욱 발전될 수 있도록 풍부한 교육 및 놀이환경을 마련해야 한다.

4) 부모의 영향

(1) 부모의 성과 놀이

유아놀이는 유아의 성에 의하여 유사한 특징이 나타나는데, 이는 부모의 영향을 받는다고 볼 수 있다. 가족의 영향은 놀이의 다양성과 놀이에 대한 흥미와 행동들 속의 일관성으로 나타난다. 일반적으로 아들이 인형놀이를 하면 무시하는 반면 딸들에게는 양육적이고 복종적인 행동 즉, 인형놀이를 장려한다.

성에 기초한 놀이 흥미와 행동에 있어서 가정의 영향은 유아의 출생부터 시작되며 부모는 자녀들의 성유형에 따른 기대를 갖고 양육한다. 아버지는 딸을 부드럽고 작고 아주 예민하게 묘사하고 아들을 가지고 있는 아버지는 아들을 크고 활동적으로 묘사한다.

아들과 딸의 사회화에 영향을 미치는 부모의 기대방법으로 부모들은 영아기부터 아들, 딸에게 다르게 옷을 입히고 다른 놀잇감을 주는 것으로 나타났다.

부모의 기대도 유아의 성차에 의한 상호작용을 통해서 전달된다고 하였다. 아버지는 아들의 경우 적극적이며 과격한, 신체적으로 자극이 되는 게임 또는 놀이 습관을 장려하였다. 아버지는 자신의 아이와 처음에는 함께 놀이를 하며 유지하는 반면 어머니는 주로 아이를 돌봐줄 목적과 아이의 탐구력을 제한하는 것으로 나타났다. 이러한 부모들의 행동은 자녀들이 자신들의 성과 동일한 행동 유형을 하도록 이끄는 것으로 나타났다(최석란, 2006).

(2) 어머니의 애착과 놀이

안정애착을 형성한 영아는 엄마가 있을 때 물리적 환경을 더욱 적극적으로 탐색한다. 걸음마 시기에 이르러 안정애착을 형성한 영아는 또래에게 보다 많은 관심을 보이고 상상놀이에 더욱 많이 참여하며(Slade, 1987), 불안정애착을 형성한 영아에 비해 다양한 사회적 기술을 나타내며 놀이 또한 오랫동안 지속되는 것을 알 수 있다. 또한 안정애착을 형성한 어머니는 유아와의 적극적인 상호작용을 통해 놀이를 유도하므로 오랜 시간 놀이가 지속되도록 도왔다(Frost et al., 1999).

부모와의 애착 정도는 유아의 또래관계에 영향을 끼친다. 안정된 애착을 형성한 유아는 불안정한 애착을 형성한 유아보다 또래관계에서 유능하다. 안정애착을 형성한 유아는 독립적이며 더 많은 호기심을 나타내고 사회적 유용성이 또래에 비해 높은 것으로 나타나고 있다(이영 외, 1999).

|사진 7-3| 어머니와 애착놀이

(3) 어머니의 놀이 개입과 유아의 연령

어머니의 놀이에 대한 개입은 유아의 연령에 따라 다른 결과를 나타내고 있다. 연령이 낮을수록 어머니는 놀이에서 주도적인 역할을 하며 놀이에서 지시와 교수를 하고 유아의 연령이 높아질수록 유아기보다 놀이에서 주도적인 역할을 하도록 하며 제안과 질문을 통해 놀이를 확장하는 것을 알 수 있다(Howes, Unger, & Matheson, 1992; Hight & Miller, 1992).

|사진 7-4| 연령이 낮은 영아의 어머니 놀이 개입

2. 물리적 환경요인

1) 놀이의 공간 및 배치

공간 밀도가 높은 놀이실에서는 조작놀이가 빈번하게 일어나고 비참여 행동이나 방관적 행동이 많이 나타나는 데 비해 공간의 면적이 넓은 놀이실에서는 적목, 바퀴 달린 놀잇감이 사용되는 놀이의 형태가 많이 나타난다. 놀이공간의 배치에서 놀이실의 각 영역을 구분지어 구성한 경우에 다른 유아의 놀이를 방해하거나 뛰어다니는 행동이 감소되었으며 조용한 놀이 영역에서는 놀이의 지속시간이 더 길어지는 것을 볼 수 있다. 따라서 놀이공간의 밀도가 높고 자료가 부족하며 공간 배치가 잘 구성되지 않은 놀이의 환경은 유아의 공격적 행동을 유발할 뿐 아니라 놀이의 질을 평가하는 데 결정적인 영향을 미친다. 바람직한 놀이공간을 위해서 유아에게 적합한 실내 · 외 공간을 제공해 주고 실내 · 외 놀이환경을 효율적인 흥미 영역으로 구성하는 것이 좋다(정진 외, 2006).

2) 놀잇감

놀잇감의 유형에 따라 놀이에 참여하는 시간의 길이가 결정되며 놀잇감의 복합성 및 다양성 그리고 제공되는 놀잇감의 양에 따라 놀이행동이 영향을 받는다(Kritchevsky, Prescott, & Walling, 1977). 즉 놀이자료의 특성에 따라 유아의 놀이 또한 변한다고 볼 수 있다.

블록의 크기가 유아 간의 사회적 상호작용을 촉진하는 것을 알 수 있으므로 유아의 발달적 욕구와 능력에 맞는 다양한 놀이자료를 제공하여야 한다.

유아는 단순한 놀잇감보다는 복합적인 놀잇감을 선호하며 복합적인 놀잇감을 갖고 놀 때 놀이시간 또한 더 길게 나타났다. 단순 놀잇감보다는 다양한 방법으로 사용할 수 있는 복합 놀잇감(점토, 레고, 블록 등)을 제공함으로써 유아의 놀이를 확장할 수 있다.

놀잇감이 적은 경우, 유아들은 서로 놀잇감을 가지려고 싸우며 놀잇감을 빼앗기 위해 공격적으로 행동하며 울기, 때리기 등의 행동도 많이 나타난다. 놀잇감의 수량이 적을 때 갈등이 많이 발생하고 또래 간의 공격적 행동은 자주 나타난다(최석란 외, 2008).

놀잇감이 많아질수록 유아의 놀이 참여도는 높아지며 공격적인 행동이 감소한다. 빈면 놀잇감이 양이 줄어들수록 유아 간의 사회적 상호작용은 증가하며 공격적 행동 또한 증가하는 것을 알 수 있다(Johnson, 1983).

3) 문화환경 요인

놀이에 영향을 주는 요인으로서 영유아들의 사회 · 문화적인 요인은 중요하다. 놀이는 여러 환경요인에서 독립적으로 존재하는 것이 아니라 사회 맥락적인 요인들이 역동적이고 상호 관련적인 영향을 주고받으면서 형성되는 것으로 볼 수 있다. 따라서 그 시대 사회 · 문화적인 요인을 잘 아는 것도 중요하다.

David(1994)는 놀이활동 선택에 영향을 주는 요인으로 인적 요인, 환경요인, 문화요인으로 나누었으며 문화요인으로 놀이-지역문화에서의 활동범위, 행동관습, 유행, 계절도 포함된다고 하였다(김나영 외, 2008).

Chapter 8

놀이치료 및 치료놀이

영유아 및 아동의 정서적인 문제를 해결해 주는 치료방법은 다양하다. 그 중에 놀이치료와 치료놀이가 있는데 본 장에서는 놀이치료와 치료놀이의 치료과정 및 원리, 또 실제적인 방법에 대해 살펴보고자 한다.

1. 놀이치료의 이해

놀이치료의 기본 개념 및 놀이치료 준비, 놀이치료사, 놀이치료 과정 등에 대해 살펴본다(김지현, 2006).

1) 놀이치료의 개념

어른은 언어라는 매개체로 의사소통을 하지만 아이들은 놀이와 활동으로 의사소통을 한다. 아이들은 언어가 충분히 발달되지 않았을 뿐 아니라 언어보다는 비언어적인 의사소통 방법을 많이 사용하기 때문에 성인과는 다른 놀이와 행동 표현을 통한 접근이 효과적인 것이다.

놀이치료는 다양하고 고도로 발달된 이론적 지침과 기술적 전략을 포함한 일련의 치료양상으로 구성된다. 따라서 놀이치료란 훈련된 치료사가 심리적 문제를 지닌 내담자를 돕기 위해 체계적으로 놀이의 치료적 힘을 적용하는 대인관계 과정이다.

▶ 놀이의 심리치료적 요소

첫째, 놀이는 아동들이 가장 하고 싶어 하는 일이고 가장 즐거워하는 일이다. 이러한 놀이를 통해 아동은 기쁨과 만족감을 경험할 수 있으며 발달적 욕구를 채우게 된다.

둘째, 놀이는 자발적이다. 놀이는 아동의 내적 동기에 의해 조성되고 실행되며 절대로 외적 보상에 의해 좌우되지 않는다. 따라서 놀이는 아동의 마음 세계를 있는 그대로 드러내 주고 만들어 준다.

셋째, 놀이는 놀이의 대상물보다 사람이 중심이다. 놀이는 마음을 주고받고 또 자기 느낌대로 표현하고 구성하는 창조적 활동이다.

넷째, 놀이는 긴장이나 억압되어 있는 감정을 해소시켜 주는 천연의 통로이다. 그래서 놀이는 아동의 정서를 치료해 줄 수 있다.

2) 놀이치료를 위한 준비

(1) 놀이치료를 위한 놀잇감

놀잇감은 놀이 속에서 유아가 자신의 세계를 표현하고 상담자에게 전달하기 위해서 사용된다. 어린이들은 아주 제한된 수의 놀잇감일지라도 다양한 의미와 감정을 전달할 수 있다. 놀이치료에서 놀이감은 아무것이나 늘어놓는 것이 아니다. 심리치료도구로서 필요한 것을 모으는 노력이 필요하다(김수희 외, 2009).

다음의 놀잇감들은 놀이치료를 하는 데 최소한으로 요구되는 것들이다.

- **일상생활 놀잇감** : 인형, 가족구성인형, 인형집과 가구, 젖병, 장난감 음식, 소형차, 소꿉놀이 접시와 컵, 스푼, 전화기, 장난감 배와 비행기, 장난감 동물
- **공격성 놀잇감** : 수갑, 장난감 총, 고무칼, 고무 샌드백, 보보 인형, 장난감 병정, 탱크, 대포, 로프

- **창의적 표현 놀잇감** : 크레용(8색), 신문지, 가위, 고무찰흙, 플레이도우, 종이, 빈 깡통, 페인트, 물감, 이젤

장난감이나 놀잇감 중 피해야 할 것은 유리 제품이나 날카롭고 뾰족하여 아동을 다치게 하는 것들이다. 또 비싸고 정교한 기계적 장난감들은 아이로 하여금 표현을 도와주기보다는 방해할 수 있기 때문에 피한다. 게임하는 장난감은 창의성이나 탐구심을 방해하므로 좋지 않다. 퍼즐도 조각을 잃어버리기 쉽고 완성감이나 성취감을 맛보는 데 어려움이 있으므로 피하는 것이 더 좋다.

부서진 장난감은 즉시 치워야 한다. 그냥 놔두면 아이들에게 불필요한 좌절감을 줄 수 있기 때문이다. 여러 개의 조각으로 된 장난감은 오히려 방해가 될 수 있다. 또한, 놀이가 끝난 후 아이 스스로 장난감을 치우면 그냥 놔두지만, 장난감을 치우도록 지시하거나 강요해서는 안 된다. 그냥 그대로 있는 것을 보고 그 자리를 떠나게 하는 것이 아이에게 좋다.

3) 놀이치료사

놀이치료는 놀이를 매개로 하여 이루어지는 것이지만 치료의 진행과 치료의 효과를 좌우하는 관건은 치료사에게 있다.

놀이치료사는 상담전문가로서 자질을 충실히 갖추어야 한다. 상담전문가로서 필요한 자질은 크게 세 가지로 구분해 볼 수 있다. 그 하나는 지식이고 다른 하나는 태도, 그리고 경험의 세 가지이다. 지식은 인간의 성격, 발달병리와 발달장애, 상담이론과 기법 등 책이나 강의를 통해서 습득할 수 있다. 경험은 인간으로서의 경륜도 포함되지만 여기서는 주로 아동을 상담하는 일에 종사한 임상경험을 의미한다. 마지막으로 태도는 상담자가 갖추어야 할 성품과 인성적 특징, 가치관과 인간에 대한 기본 자세를 포괄하는 것이다. 지식이나 경험을 쌓으면 어느 정도 자신 있게 해결할 수 있다고 짐작되기도 하지만, 상담자의 인성적 측면은 자신에 대한 통찰을 통해서 다듬어야 하는 것이다.

|사진 8-1| 놀이치료실에서 놀이하고 있는 유아

4) 놀이실에서의 치료사의 반응과 제한 설정

(1) 치료사의 적절한 반응

놀이치료실에서 치료사의 적절한 반응에 대해 살펴본다.

- 묻지 않아도 서로 다 아는 내용에 대해 질문하지 말자.
  이미 쉽게 아는 것을 물으면 아이는 혼란에 빠진다.
  집을 그리고 있는 아이를 보고, "집을 그리고 있구나."라고 평서문으로 표현한다.
- 아이가 묻지 않는 것에 대해서는 함부로 응답하려고 하지 말자. 그러면 아이에게 불필요한 의존심을 길러 준다.
- 아이의 질문 뒤에 숨겨진 의도를 읽고 이해하자. 참뜻을 모르고 겉돌면 아이는 치료사를 신뢰하지 않게 된다. 예를 들어, 두 번째 놀이실에 갔을 때, 영수가 방을 두리번거리며 선생님께 "진짜, 여기가 내 놀이실이에요?"라고 물으면 "이건 모두 너를 위해서 있는 거야"라고 아동의 기분을 충분히 이해하는 반응을 보여야 한다.
- 아이의 감정을 수용하고 반응해주어야만 신뢰감과 안정감을 얻게 된다.
  "선생님 내 강아지가 죽었어요. 그래서 울었어요."라고 했을 때, "네 강아지가 죽어서 참 안됐구나."라고 하기보다 "강아지가 죽어서 네가 참 슬펐구나."라고 아이의 감정에 반응하는 것이 좋다.
- 아이의 생각을 함부로 단정짓지 말자.

함부로 단정지으면 아이의 마음 문이 닫힌다. 예를 들어, 블록을 마룻바닥에 밀고 가면서 "부릉 부릉" 할 때, "재미있게 자동차 놀이를 하고 있구나."라고 치료사가 반응하자, "이건 자동차가 아니예요. 이건 보트예요."라고 했다. 이럴 때 선생님은 블록을 자동차라고 단정짓지 말고, 아이가 낸 "부릉 부릉" 소리에 반응해 주는 것이 좋다.

- 아이의 능력을 인정하고 반영해 주자. 그럴 때 자율성과 자존감을 길러 주게 된다. 예를 들어, 미영이가 머리빗을 찾아내서, 두 인형의 머리를 빗어 주었을 때 "인형이 참 예쁘구나."라고 반응하지 말고, "미영이가 인형을 잘 빗어 줄 줄 아는구나."라고 반응하는 것이 좋다.
- 불필요한 질문을 하지 말자.
  불필요한 질문은 아이에게 신뢰를 잃게 한다.

(2) 제한 설정

놀이실에서 아이의 행동을 제한해야 하는 이유가 있다. 그 이유는 다음과 같다.

- 치료받는 아이, 치료사, 그리고 놀이자료를 보호하기 위해서 필요하다.
- 아이에게 안정감을 갖게 하기 위해서이다. 일관성 있게 아이의 행동을 제한함으로써 아이 스스로 제한을 스스로 예견할 수 있고 또 안전하다는 것을 느끼게 할 수 있다.
- 아이에게 하지 말아야 할 것을 스스로 결정하고 자기를 조절하고 또 자기책임감을 길러 주기 위해서 제한 설정이 필요하다.
- 아이가 잘못해서 치료사에게 신체적 해를 입히거나 기물이 망가지면 되면 아이는 죄책감을 갖게 되는데, 이를 피하기 위해서 제한 설정이 요구된다.

(3) 제한 설정의 대상

- 아이 자신이나 치료자에게 해롭거나 위험한 행동
- 치료과정을 불필요하게 방해하는 행동, 예를 들어, 치료시간에 화장실에 자주 가는 등의 일은 허락하지 않고 치료 전에 미리 갔다 오도록 한다.

- 놀잇감이나 놀이실을 파괴하는 행위
- 놀잇감을 집으로 가져가는 행위
- 옷을 막 벗는다든지 하는 등 사회적으로 용납되지 않는 행동

(4) 제한 설정의 단계

- 1단계 : 아이의 감정을 인정하고 그것을 말로 표현해 준다.
  아이가 화가 나서 다트 총을 치료사에게 겨누면, "네가 나한테 화가 나 있구나."라고 감정을 읽어 준다.
- 2단계 : 제한에 대해 설명해 준다.
  "나는 네가 총을 쏘는 사람이 아니야"
- 3단계 : 다른 대안이나 목표물을 설정해 준다.
  "이 보보 인형이 나라고 생각하고 총을 쏴도 돼."
- 4단계 : 그래도 별 효과가 없으면 직접적으로 제한한다.
  "앞으로는 총을 가지고 놀지 못하겠구나. 그러나 나를 쏘지 않으면 다시 총을 가지고 놀 수 있어(아이에게 결정권을 준다)."
- 5단계 : 또 다시 같은 행동이 반복되면 "네가 더 이상 총을 가지고 놀고 싶지 않구나."하면서 총을 가지고 놀지 못하게 조치한다. 제한 설정은 일관성 있고 엄격하게 시행해야 한다.

5) 놀이치료의 과정

(1) 초기 과정

① 첫 시간

첫 시간은 낯선 곳에서 낯선 사람과 함께 있는 시간에 내담자에게 안전감을 느끼게 해야 하기 때문에 가장 어려운 회기이다. 그러므로 해석은 하지 않으며 우선은 치료자와 안전하고 보호적인 관계를 형성하는 것이 무엇보다 중요하다. 상담이나 심리치료에서 무엇보다 중요한 것은 치료적 동맹이다. 그러므로 치료적 동맹을 맺을 수 있도록 친밀한 관계가 될 수 있도록 노력해야 한다.

첫 시간의 치료사 반응은 서두르지 않는 밝은 표정으로 아동에게 친근감을 주도록 신경을 써야 한다. 특히 아동뿐만 아니라 부모도 아직은 긴장된 상태이므로 깊은 해석은 피해야 한다. 아동은 놀이치료실 안에서 호기심이 많으면서도 어떻게 행동해야 하는지 제한을 몰라 치료사가 이끌기를 요구할 수도 있다. 그러나 가급적이면 치료사가 선택하거나 책임을 지지 말고 아동에게 선택하도록 용기를 주어야 한다.

첫 번째 놀이치료 시간의 경험을 통해 아동들은 일반적인 어른과는 다른 독특한 어른을 만났다는 느낌을 갖게 되고 바로 이러한 인간관계가 치료적 관계를 맺는 초석이 된다. 첫 시간은 치료사나 아동이 모두 서로를 탐색하는 시간이므로 지나친 질문이나 제안, 해석 등은 피해야 한다.

② 초기 단계

상담 초기의 경험은 치료의 성패에 중요한 영향을 미친다. 이 초기 과정은 치료사와 친숙한 관계를 맺어가는 과정이므로 상담실과 치료사를 탐색하는 단계이다. 그러므로 이 단계에는 내담자와 래포 형성이 되기 위해 신뢰 단계를 구축하기 위한 노력을 기울여야 하는 시기이다. 치료사는 수용적인 태도로 내담자의 감정을 반영해 주고 동기를 부여해 주며 깊은 해석은 하지 않는 단계이다.

이 시기에는 아동이 치료사에게 몰두하는 시기로서 치료사의 관심을 끌려고 하며 인정받고자 하는 욕구가 강하게 나타난다. 비교적 상대방의 호의를 사기 위해 노력하는 단계이나 아동은 치료자의 비위를 맞추려고 하며 치료사가 원하는 대로 행동하려고 질문을 하기도 한다. 이때 아동은 자신이 놀이치료 시간의 주인이며 치료자는 자신의 어려움을 함께 해결하도록 돕는 전문가라는 인식을 가져야 한다.

(2) 중기 과정

상담이나 심리치료가 계속되면서 치료사와 내담자는 점차 친밀한 관계를 맺게 되며 신뢰감이 형성되어 간다. 내담자는 상담실을 자기만의 공간이며 상담자를 자기를 위한 존재라는 인식이 들면서 부정적인 감정이 자연스럽게 나타나기 시작한다. 중기 과정 동안 내담자는 부정적인 반응을 보이는데 이 시기를 어떻게 넘기느냐에 따라 치료의 성패가 좌우된다. 상담 중기 과정에는 내담자가 자아존중감을 형성하기 위한 통찰력을 갖도록 도와주고 성취감을 느낄 수 있는 기회를 갖도록 치료를 계획하여야 한다. 특히 아동의 경우에는 크게 좌절하지 않도록 세심한 배려를 해야 하고 내담자가 갈등을 일으키는 상황이 내담자가 견딜 수 있는 정도인지를 고려하여야 하며 격려와 지지도 필요하다.

상담 중기는 상담의 대부분을 차시하는 긴 과정이다. 이 단계에서 내담자는 부모와의 관계에서 결핍하거나 왜곡된 부분을 보충하고 수정하는 교정적인 경험을 하게 되며 해석을 통해 자신의 과거에 일어났던 충격적인 사건이 재통합하고 성장하게 된다. 즉, 치료사와의 적절한 치료적 관계를 통해 재창조하도록 계획된 교정적인 과정을 통해 치료가 되며 해석을 통해 성장하게 된다.

(3) 말기 과정

이 단계가 되면 내담자가 자신의 문제를 있는 그대로 수용할 수 있으며 자신의 장점을 존중하며 자아존중감이 향상되어 적극적으로 현실에 대처하는 모습을 보인다. 이때 집단치료를 병행하면 현실 상황에 대해 구체적으로 적응하는 기술의 습득 및 자신의 목표를 구축하는 데 큰 도움이 된다. 아울러 발달이 지연되었거나 결핍된 부분에 대한 재교육을 받을 수 있게 병행하여 성장하고 발달할 수 있게 도와주어야 한다.

종료를 위해서는 사전에 계획하여야 하며 내담자와 합의하는 과정도 필요하다. 특히 아동의 경우에는 아동의 수준에서 받아들일 수 있도록 고안된 방법을 사용하여야 한다. 아동이라고 일방적으로 부모와 상담자의 합으로 결정하는 것은 옳지 못하다. 아동이 종료를 거부한다면 그만한 이유가 있다고 본다. 치료가 잘 된 경우에는 아동도 자연스럽게 종료를 받아들이므로 그 이유를 살펴보아야 한다. 아동에게 준비가 안 된 상태에서 종료를 서두르는 것은 탐색해 볼 필요가 있다.

(4) 종료 과정

상담을 언제 종료해야 하는가를 아는 것은 쉽지 않다. 상담이나 심리치료의 목표는 내담자가 현실의 문제를 잘 해결할 수 있고 치료 초기에 설정한 목표에 도달했으면 일단 종료할 수 있다. 상담 초기의 문제는 해결되었는데 더 다루고 싶은 주제가 있다면 일단 종료를 하고 다음 주제에 대해서 새로운 목표를 세워 계획하는 방법이 효과적이다.

모든 문제가 해결되어 잘 적응할 수 있을 때까지 상담을 하는 것은 아니다. 그러나 상담의 필요성은 내담자의 욕구가 제일 중요하므로 상담자가 보기에 충분하다고 보아도 내담자가 종료를 받아들이지 못한다면 다시 탐색해 보아야 한다.

그러나 종료 전에는 일시적인 저항으로 퇴행과 같은 변화가 나타날 수 있다. 이것은 내담자가 이별에 대한 불안을 나타내는 과정으로 이런 문제에 대해서도 충분한 탐색이 있어야 한다. 준비되지 않은 이별은 또 다른 상처가 될 수 있으므로 신중하게 다루어야 한다.

2. 모래놀이치료의 이해

모래놀이치료란 모래상자를 이용한 놀이치료 기법이다. 모래상자를 이용한 이 기법은 영국의 소아과 의사인 Margret Lowenfeld가 고안한 아동심리치료 기법으로 해석이나 전이 과정 없이도 아동이 자기의 생각과 정서를 쉽게 표현할 수 있는 새로운 매체이다. 모래놀이를 할 때 모래상자의 안은 물을 상징할 수 있도록 파란색이나 청록색으로 칠하고 상자의 위치는 시각적으로 편하게 볼 수 있도록 허리 높이에 두는 것이 좋다. 마른 모래상자와 젖은 모래상자를 함께 제시할 것을 권하며 모래의 종류는 은모래나 갈색 모래, 그 밖의 다양한 질감과 색깔의 모래를 첨가할 수 있다.

1) 모래놀이치료의 의의

모래상자를 이용하는 놀이치료기법은 아동의 내적 세계에 접근하기 위하여 고안된 것이다. 모래상자라는 이 새로운 매체는 아동의 동시적 사고를 표현하면서도 사고의 전체를 표현할 수 있고, 시각 · 촉각 등의 감각 요소를 포함하며 외부 세계와 관련성 없이도 이루어질 수 있어야 한다는 생각으로 만들어졌다.

2) 치료적 요소

- 비언어적으로 의사소통을 할 수 있다.
  무의식적인 것을 의식화하는 것으로 비언어적인 형태로 표현하는 것은 놀이치료의 중요한 방법이 될 수 있다. 발달이 지체된 아동과 문제가 복잡해서 언어화가 어려운 아이들에게 효과적이다.
- 다양한 연령에 적용할 수 있다.
  모든 아동에서 성인에 이르기까지 실시할 수 있다.
- 치료관계를 확립하는 매개체로서 역할을 한다.
  놀이를 하는 과정에서 어떤 작품을 만들어 가는 동안에 치료적 인간관계가 촉진되고 확립되어 간다.

- 장난감을 사용하기 때문에 흥미를 불러일으키기 쉽다.
  장난감으로 표현되는 작품은 입체적이면서 눈으로 볼 수 있는 작품이다. 또한 아동은 스스로 제작한 작품을 봄으로써 반작용적인 자극을 받게 된다.
- 모래를 사용하므로 촉감을 이용할 수 있다.
  신체와 마음은 상호작용의 관계에 있고 심리치료는 마음에서 작용하는 면이 강하지만 모래에 의해 신체적으로 작용하는 것이 가능하다.

3) 모래놀이치료의 실제

모래상자와 모래, 인간과 인간적인 생활 형태, 동물과 식물, 그 외 모든 자연물을 포함하는 작은 인형들을 이용하여 아동은 3차원의 공간에서 자기 세계의 의미를 창조한다. 모래놀이치료는 치유를 가능하게 하는 창조적 퇴행을 장려한다. 또한, 의식과 무의식의 연결 및 상호작용을 통하여 인간은 스스로 정신의 완전함을 이루려는 노력을 한다는 데 개념적 기초를 둔다.

모래놀이치료실에 갖추어야 하는 피겨(figure)들이 많이 필요하지만 몇 가지를 살펴보면 다음과 같다.

- **사람** : 가족, 종교적 인물들, 직업을 상징하는 사람들, 움직임을 나타내는 사람들, 피부색이 다양한 사람들, 신화적 인물, 원시인, 문화가 다른 사람들 등
- **동물** : 가축, 맹수, 암수와 어미와 새끼를 나타낼 수 있는 동물들, 알을 상징할 수 있

|사진 8-2| **모래놀이치료실**

는 것, 조류, 바다생물, 사라진 동물이나 전설적인 동물들, 곤충, 파충류 등

- **탈것** : 각종 자동차, 기차, 비행기, 로켓, 배, 가마, 말 등
- **자연물** : 돌, 조개, 나뭇잎, 풀잎, 나뭇가지 등

4) 모래놀이치료자의 역할

모래놀이를 통하여 아동이 만든 세계에 대한 해석은 치료자에게 매우 주의해야 할 부분이다. 왜냐하면 치료자는 아동이 만든 창조적 세계에 대하여 터무니없는 추론을 할 수 있고 아동이 경험하는 본질적이고 치유적인 과정을 방해할 수 있기 때문이다. 모래놀이치료에서 아동은 개별적이고 자유롭게 존재해야 하는 동시에 치료자와 심리적 모자관계를 조화롭게 이루어 가야 한다.

5) 모래놀이치료의 단계

- 동물 · 식물 단계(혼돈 단계)

대개 첫 작품이나 초기 작품에 나타나며 현재 아동의 생활이나 그 아동이 현재 할 수 있는 것을 나타낸다. 즉, 아동의 정서적 혼란과 혼돈을 반영하는 작품을 꾸민다.

- 투쟁 단계

전쟁 장면이나 파괴적인 장면들이 많이 나타난다. 또한 영웅이 등장하여 힘을 행사하는 장면이 꾸려진다. 이때 남자 아동들은 강한 자아를 재확립하기 위해 노력하며 투쟁이 외적으로 발산되는 형태가 나타난다. 그러나 여자 아동들은 소품을 이용하여 공상을 그들의 본능과 연결하여 표현하는 것을 볼 수 있다. 즉, 자기와 동일시되는 인형을 가두는 등의 행동이 보이기도 한다.

- 적응 단계

이 단계가 되면 남자 아동들은 건설 공사 현장이나 트럭, 자동차 등 움직임이 많은 작품을 꾸민다. 이 시기에는 질서가 회복되어 자연과 사람 사이의 균형이 잡히며 생활에

리듬이 생긴다. 또한 실생활에서도 정상적인 적응을 하는 것을 볼 수 있다.

여자 아동들은 사람과 지역사회를 적절히 연결하고 친밀감을 주는 마을을 꾸민다.

6) 모래놀이치료의 효과

모래놀이치료의 대상은 초기에는 아동에게 많이 적용하였지만 현재에는 유아부터 노인에 이르기까지 폭넓게 적용되고 있다. 적용 범위도 발달지체, 유사 자폐, 성학대 피해, 환각제 흡입, 폭력 문제, 알코올 중독 등의 치료까지 매우 다양하다.

모래놀이치료를 통해 다음과 같은 치료효과가 나타난다.

- 모래치료 과정에서 자신을 돌아볼 수 있는 통찰력이 생기고 왜곡된 부분들이 풀린다.
- 치료과정 속에서 자신의 나쁜 감정을 다 발산하여 긍정적인 면들이 부각될 수 있다.
- 문제행동이 감소되어 현실 생활에서의 적응력이 생긴다.
- 자신의 무의식 세계의 부정적인 내면을 표출함으로써 정서적인 안정을 꾀할 수 있다.
- 주의 산만한 아동이 모래놀이시간을 통하여 집중력이 향상된다.

|사진 8-3| 초등 5학년 남아가 만든 모래상자, 제목 : 죽음의 성

|사진 8-4| 초등 2학년 남아가 만든 모래상자, 제목 : 공사장

|사진 8-5| 우울이 높은 여자 성인이 만든 모래상자, 제목 : 소풍

3. 치료놀이의 이해

치료놀이는 애착이론, 대상관계이론, 자아심리이론 등을 근거로 치료자와 아동 사이의 관계를 이용해 생의 초기 단계에서 이루지 못했던 모-자 애착관계를 다시 형성하고자 하는 접근 방법이다. 치료놀이의 접근 방법은 성인인 치료자가 주도권을 가지면서 '재미'있고 절대 '상처' 받지 않도록 하면서 신체적 접촉을 통해 함께 진행해 가는 방법이다. 치료놀이는 성인이 중심이 된 활동 위주의 놀이로서 지금, 현재 그리고 미래만을 생각할 뿐 과거에 초점을 두거나 가상놀이 같은 것은 하지 않는다. 그리고 아이의 현재 모습(부정적일지라도)에 대해 무조건적인 사랑을 줄 뿐이다(성영혜, 2000).

1) 치료놀이의 원리

치료놀이의 원리로는 구조화하기(structuring), 개입하기(engaging 또는 intruding), 양육하기(nurturing), 도전하기(challenging)이다. 그 외 재미(playfulness)가 추가된다. 치료놀이 치료사(Theraplay therapist : 이후 TP 치료자로 칭함)는 모든 문제의 대부분이 애착형성에 기반한 관계 문제로 보고 부모와 아동의 관계 개선 증진을 통해 아동의 성장을 도모하고자 한다.

(1) 구조(structure)

아기는 부모에 의해 구조화(제한)되어 있으므로 이 안에서 해도 되는 것과 해서는 안 되는 것을 예측하고 안정감을 느낀다.

성인이 책임을 지고 있다는 사실은 아동을 안심시키고 아동에게 자기 자신을 통제하는 법을 가르쳐 준다. 구조화를 통해 아동은 내면적으로 외부적으로 무질서를 극복하게 한다. 과잉행동을 하는 아동, 산만하고 충동적인 아동, 무엇이든지 자기 마음대로 하려는 아동에게 적합하다.

(2) 도전(challenge)

도전은 생의 초기에 시작되며 이를 통해 아동은 성취감과 자신감을 갖게 된다. 아이는 새로운 세계에 대한 호기심으로 만족감과 능력의 감각을 느낄 수 있게 된다. 우리는 아동이 자신의 껍질을 깨고 나올 수 있도록 도전을 가르치며 그 도전에서의 성공을 격려하며 도전을 통해 아동의 심리적 만족도 얻게 한다. 도전활동은 재미있어야 하고 긴장감의 해소를 많이 허락해야 한다. 소심하고 소극적이며 불안하고 초조한 아동에게 적합하다.

(3) 개입(intrusion)

개입을 통해 아기는 자기 자신 이외의 세계와 접촉을 하고 탐색하고 타인과 차별화하며 호기심을 갖고 사회에 적응하게 된다. 아동은 모험, 변화, 새로운 관점 등을 통해 자극(놀라운 사건)이 재미있고 새로운 경험이라는 사실을 알게 된다. 시선을 피하는 아동, 위축되어 있고 경직되어 있는 아동, 과잉 보호 받아 사람들을 피하는 아동에게 적합하나 흥분하거나 혼돈된 행동을 보이는 아동이나 너무 쉽게 과잉자극을 받는 아동에게는 적합하지 않다.

(4) 양육(nurture)

양육은 아기들에게 필수사항으로 아이가 스스로 가치 있고 사랑스럽고 안전하다는 느낌을 배우는 것이다. 먹이고 안아 주고 달래 주고 쓰다듬어 주고 껴안고 뽀뽀하고 애무하는 양육적 보살핌을 통해 아동은 안도감, 안정감, 편안함을 느낀다. 공격적이고 과잉행동적이며 조숙한 척(pseudomature)하는 아동에게 적합하다.

2) 치료놀이의 실제

치료놀이의 실제를 구조화활동, 개입활동, 양육활동, 도전활동의 예를 들어 살펴본다.

(1) 구조화활동

활동의 예 : "셋을 세면 점프해", "파란 사각형 위로만 걷기", "꼬리 잡기" 등

꼬리 잡기

- **활동목표**

  자신과 타인이 하나가 되는 경험을 통해 협동심을 기를 수 있고 더불어 타인에 대한 저항의 감정을 다룰 수 있다.

- **활동방법**

  1. 5~6명씩 한팀을 이뤄 서로 다른 두 팀이 꼬리 잡기를 하게 된다.
  2. 팀을 구성하면 먼저 제비를 뽑아 꼬리를 만들기 전에 서열을 정한다.
  3. 꼬리 잡기 활동 시 맨 앞에 선 아동이 '머리'가 되고 맨 뒤에 선 아동이 '꼬리'가 된다.
  4. '머리'가 된 사람이 상대팀의 '꼬리'를 잡으면 그 '꼬리'는 잡은 팀의 '꼬리'로 오게 된다.
  5. 활동을 시작하기 전, 한팀은 한몸과 같으므로 앞의 사람을 놓쳐서는 안 된다는 점을 강조한다.
  6. 활동을 진행하다 서열을 다시 정하여 새로이 시작할 수 있다.

- **기대효과**

  '머리'가 되어 보기도 하고 '꼬리'가 되어 보기도 하면서 다양한 위치의 역할을 경험해 볼 수 있다.

- **활동 시 유의사항**

  활동을 시작하기 전에 아동들이 진행과정과 규칙을 충분히 이해할 수 있도록 자세한 설명이 필요하다.

출처 : 성영혜 외(2002).

(2) 개입활동

활동의 예 : 깍꿍놀이, 주근깨 세기, 문에 노크하고 엿보기, 숨바꼭질 등

물건을 뺨에 문질러서 알아맞히기

- **활동목표**

감각적 경험을 통해 긴장감을 완화할 수 있다.

- **준비물**

다양한 감촉의 재료(깃털, 솜, 다양한 재질의 헝겊, 딸기나 키위 같은 과일 등)

- **활동방법**

1. 6~8명이 팀을 이루어 둥글게 둘러앉는다.
2. 각 팀에 뺨에 문지를 다양한 재료를 나누어 준다.
3. 같은 팀 안에서 다시 둘씩 짝을 지어 마주보고 앉도록 한다.
4. 두 사람 가운데 한 사람은 준비된 재료 중 하나를 선택하여 상대 뺨에 살며시 문질러 주도록 하고, 나머지 한 사람은 눈을 감고 문지르는 재료의 느낌이 어떤지 그리고 그것이 무엇인지 말해 보도록 한다.
5. 다양한 재료를 활용해 같은 활동을 해 보고 활동이 끝나면 두 사람이 서로 역할을 바꾸어 같은 활동을 해 보도록 한다.

- **기대효과**

감각적 경험을 통해서 아동의 긴장감이나 위축된 감정을 이완하는 효과가 있다.

- **활동 시 유의사항**

물건을 문지를 때는 너무 세게 문지르지 않도록 설명한다.
활동을 소개할 때 미리 문지르기를 할 재료들을 소개하고 일정 재료에 알레르기가 있는 사람이 있는지를 물어 본다.

출처 : 성영혜 외(2002).

(3) 양육활동

활동의 예 : 먹여 주기, 로션이나 파우더 발라 주기, 안아 주기, 자장가 불러 주기, 면도하기, 담요에 싸서 흔들어 주기, 페이스 페인팅, 손바닥 · 발바닥 찍기 등

면도하기

- **활동목표**

  긴장을 완화하고 감각적 경험을 통해 친밀감을 형성할 수 있다.

- **준비물**

  생크림, 아이스크림 막대, 물수건

- **활동방법**

  1. 먼저 두 명씩 짝을 짓게 한다.
  2. 한 사람이 다른 사람의 턱에 생크림을 발라 주고 아이스크림 막대로 면도를 해 준다.
  3. 면도를 다 한 후 따뜻한 물수건으로 서로의 얼굴을 닦아 준다.
  4. 역할을 바꾸어 위의 활동을 다시 해 본다.

- **기대효과**

  활동 속에서 재미와 즐거움을 느낄 수 있으며 그로 인해 위축된 감정이나 긴장을 완화할 수 있는 효과가 있다.

- **활동 시 유의사항**

  활동에 들어가기 전, 얼굴에 상처가 없는지 확인하고 상처 부위는 피해서 활동할 수 있도록 지도한다.

출처 : 성영혜 외(2002).

(4) 도전활동

활동의 예 : 레슬링(다리, 팔, 엄지), 줄다리기, 베개 던지기, 물총싸움 등

베개 던지기

- **활동목표**

자신의 신체를 스스로 조절할 수 있는 능력을 기를 수 있다.

- **준비물**

베개 또는 쿠션

- **활동방법**

1. 먼저 아동들을 두 줄로 마주 서게 한다.
2. 처음에는 마주 보고 선 두 명이 서로 짝이 되어 베개를 던지고 받는다.
3. 이후 동그랗게 원을 만들어 서로 베개를 던지고 받도록 한다.
4. 이때 베개를 2~3개 준비해서 치료자가 하나, 둘, 셋을 외치는 순간 동시에 누군가에게 던질 수도 있다.

- **기대효과**

활동을 통해 재미와 즐거움을 느낌으로써 긴장이나 갈등을 해소하고 감정을 정화할 수 있는 효과가 있다. 주의집중력을 기를 수 있으며 집단의 상호작용을 활발하게 유도해 낼 수 있는 효과가 있다.

- **활동 시 유의사항**

1. 집단 수는 10~12명이 적당하다.
2. 베개는 솜이 들어 있어 푹신한 느낌이 드는 것으로 선택한다.
3. 얼굴에는 베개를 던지지 않는다는 약속을 정한다.

출처 : 성영혜 외(2002).

Chapter 9 놀이관찰과 평가

교사가 관찰한 많은 정보들을 효율적으로 관리할 수 있는 다양한 놀이관찰 방법 및 기록 방법, 평가들에 대해 살펴보고자 한다.

1. 놀이행동 관찰

놀이행동을 체계적이고 객관적으로 관찰하는 것은 관찰자가 편견이나 주관적 해석 없이 유아들에게 일어나는 행동을 주의 깊게 기록하는 것이다. 유아들의 놀이행동을 정확하게 관찰하기 위해서는 다음과 같은 일반적인 지침을 염두에 두어야 한다.

- 먼저 유아의 놀이에 대해 알고자 하는 것이 무엇인가를 결정하고 그러한 목적에 부합되는 방법을 선택한다.
- 유아가 자신의 능력을 최대한 발휘할 수 있는 환경에서 관찰하도록 노력한다.
- 가능하면 실내와 실외 모든 영역에서 유아를 관찰한다. 때로는 실외에서 바깥놀이를 할 때 질 높은 사회놀이나 인지놀이가 일어나는 경우도 있기 때문이다.
- 유아들끼리 서로 친숙해지고 놀이환경에서 익숙해질 때까지 기다렸다가 관찰한다.
- 유아의 놀이행동을 정확히 관찰하기 위해서는 반복하여 관찰한다(김수영 외, 2009).

기본적인 놀이관찰을 아래의 표와 같은 내용을 기준으로 하여 기록을 할 수 있다.

|표 9-1| 놀이관찰 기록서의 예

놀이관찰 날짜		놀이관찰 내용
관찰자		
관찰대상 유아		
대상 유아 연령		
놀이관찰 장소		
총 관찰 시간		
놀이의 총 종류수		
평균 놀이시간		
놀이 참여 유형		
놀이 참여 유아수		
놀이 참여 성인수		
가장 짧은 참여시간		
가장 짧은 놀이명		
가장 긴 참여시간		
가장 긴 놀이명		
관찰시간		
관찰자와 아동 관계	가족 ( )	
	친인척 ( )	
	아는 관계 ( )	
	모르는 관계 ( )	

2. 놀이관찰 방법

1) 시간표집법(time sampling method)

특정 행동을 특정 시점에서 관찰하는 방법이다. 정해진 관찰기간 동안 계속 관찰하는 것이 아니라 일정한 시간 간격으로 여러 번 반복하여 행동을 관찰하고 그 결과를 기록한다. 관찰을 기록하는 방법은 행동 출현 유무를 체크(∨)하는 방식, 행동 출현의 빈도수를 세기표(/)로 기록하는 방식이 주로 사용된다. 시간표집법의 예이다.

|표 9-2| **시간표집법의 예**

관찰유아 : 이형원 | 생년월일 : 1996. 11. 29. | 성별 : 남 · 여
관찰자 : 홍현상 | 관찰일 : 2001. 4. 6.

초	사회적 놀이			비활동적 놀이			활동	메모
15초 동안	혼자 놀이	병행 놀이	집단 놀이	몰입하지 않은 행동	쳐다보는 행동	전환		
15초	V							컵으로 물을 마시는 시늉을 한다.
15초					V			선민이를 쳐다본다.
15초						V		장난감 인형을 찾으러 간다.
15초 (1분)			V					인형을 친구에게 준다.
15초			V					"친구야, 우리 엄마놀이 하자."라고 말한다.
15초			V					친구를 바라본다.
15초			V					친구에게 "아기가 물 먹고 싶어요?"라고 물어본다.
15초 (2분)						V		장난감 우유병을 찾으러 간다.
15초			V					친구에게 장난감 우유병을 준다.
15초						V		플라스틱 바구니와 끈이 있는 곳으로 간다.
15초		V						플라스틱 바구니와 끈을 가지고 유모차를 만든다.
15초 (3분)			V					인형을 유모차에 태우고 같이 밀어 준다.
15초			V					친구와 같이 블록으로 집을 만든다.
15초			V					유모차를 블록으로 만든 집에 넣어둔다.
15초					V			모래놀이 하는 친구들을 바라본다.
15초 (4분)						V		밖으로 나간다.
15초			V					모래놀이로 가서 친구가 하고 있는 놀이에 끼어든다.
15초			V					음식을 만드는 시늉을 한다.
15초			V					음식을 먹는 시늉을 한다.
15초 (5분)			V					친구에게 먹여 주는 흉내를 낸다.
합계	1	1	12	0	2	4	0	
요약	· 가장놀이를 할 수 있다. · 집단놀이를 주로 한다. · 친구에게 인형을 가져다 주고 협동하는 친사회적인 행동을 한다.							

출처 : 조순옥 외(2009).

2) 사건표집법(event sampling method)

사건표집법은 하나의 특정 행동이나 사건이 발생할 때만 관찰하는 방법으로 관찰하고자 하는 행동이 출현할 때까지 기다렸다가 발생 시 기록한다. 사건표집법은 관찰 시간이 적게 들지만 행동의 원인을 알아내야 하는 어려움이 있다(김현자 외, 2009).

어떤 사건이나 행동이 일어나기 전의 상황(Antecedent event: A), 사건이나 행동(Behavior: B), 사건이나 행동이 일어난 후 결과(Consequence: C)의 반응을 순서대로 기록하는 ABC 서술식 사건표집법과 도표를 가지고 미리 정해진 범주의 행동이 일어날 때마다 기록하는 빈도사건 표집법이 있다.

|표 9-3| **사건표집법의 예**

<table>
<tr><td colspan="4">관찰유아 : 학급 전체　　생년월일 : 1996. 11. 29.　　성별 : 남 · 여
관찰자 : 김영미(학급 담임)　　관찰일 : 2000. 4. 10 ~ 4. 14.</td></tr>
<tr><th>월일</th><th>사건 전</th><th>사건(갈등 상황)</th><th>사건 후</th></tr>
<tr><td>4월 10일</td><td>간식을 먹고 동화를 듣기 위해 모이자는 교사의 지시가 있었음.</td><td>형신이와 민용이가 의자를 들고 뛰어와 바깥 출입문과 가장 가까운 곳에 앉는다.</td><td>동화를 들려주고 나서 바깥놀이를 가게 함.</td></tr>
<tr><td>4월 11일</td><td>간식을 먹고 이야기 나누기 위해 모이자는 교사의 지시가 있었음.</td><td>경민이와 선영이가 의자를 가지고 문제의 자리로 가자 형신이와 민용이가 자기 자리라고 주장하여 갈등이 생김.</td><td>먼저 온 경민이와 선영이가 자리에 앉도록 함.
이야기 나누기가 끝나고 바깥놀이를 가게 함.</td></tr>
<tr><td>4월 12일</td><td>간식을 먹고 동화를 듣기 위해 모이자는 교사의 지시가 있었음.</td><td>형신이와 선영이가 의자를 가지고 뛰어오고 있고 순호가 앉으려고 함.</td><td>먼저 온 사람이 자리에 앉음.
동화가 끝나고 바깥놀이를 함.</td></tr>
<tr><td>4월 13일</td><td>간식을 먹고 작업 설명을 위해 모임.</td><td>자리를 놓고 갈등이 생기지 않음.</td><td>작업 설명이 끝나고 분단별로 작업을 함.</td></tr>
<tr><td>4월 14일</td><td>간식을 먹고 노래를 부르기 위해 모임.</td><td>민용이와 경민이가 자리를 놓고 다툼.</td><td>먼저 온 순서대로 자리 배치.
노래가 끝나고 바깥놀이를 함.</td></tr>
<tr><td>요약 및 해석</td><td colspan="3">• 이상의 관찰 기록을 보면 교사는 집단 활동을 하기 전에 간식을 먹고 있고 자리 다툼이 일어날 때 그 자리에 먼저 온 아이 순서대로 자리에 앉게 하는 것을 볼 수 있다.
• 또한 집단 활동이 끝나고 바깥놀이를 갈 때는 갈등이 생기지만 실내에 그대로 머무르는 경우에는 갈등이 생기지 않았다.
• 이는 유아들의 자리 다툼이과 바깥놀이가 연관이 있음을 시사해 주는 것이다. 교사는 바깥놀이를 하기 직전에 어떤 일이 벌어지는지 계속해서 관찰하기로 했다.</td></tr>
<tr><td>결과</td><td colspan="3">ABC 사건표집법을 계속한 결과, 교사는 바깥놀이를 위해 아이들을 내보낼 때 출입구에 가까이 앉은 순서대로 보내는 습관이 있음을 발견하였다. 따라서 바깥놀이를 빨리 나가고자 하는 형선, 민용이 등을 중심으로 출입구 가까운 자리에 앉으려는 갈등이 발생한 것이다.</td></tr>
</table>

출처 : 조순옥 외(2009).

3) 행동목록표(checklist method)

관찰자가 일련의 행동목록을 사전에 준비하고 목록에 있는 각 행동이 나타나는지 아닌지를 관찰하여 체크로 표시하는 방법이다.

|표 9-4| 행동목록표의 예

관찰유아 : 유영진 관찰자 : 홍현채	생년월일 : 1996. 5. 29. 관찰일 : 2001. 9. 4.	성별 : 남 · 여

체크리스트에 있는 행동이 나타나면 V로 표시한다.	예	아니오
1. 친구들과 함께 놀이를 한다.		
2. 다양한 놀이에 참여한다.		
3. 친하게 지내는 친구가 많다.		
4. 친구에게 놀이를 하자고 제안한다.		
5. 새로운 교구에 흥미를 보인다.		
6. 새로운 환경에 적응을 한다.		
7. 이미 진행되고 있는 놀이에 자연스럽게 끼어 든다.		
8. 친구의 놀이나 행동을 방해하지 않는다.		
9. 문제 상황이 생기면 말로 해결한다.		
10. 다른 친구의 물건을 사용할 때 허락을 구한다.		
11. 자기보다 약한 친구를 도와준다.		
12. 친구가 도와주면 '고맙다'라고 말한다.		
13. 집단생활에서 여러 친구들과 협동한다.		
14. 친구와 약속을 지킨다.		
15. 친구들이 좋아한다.		
16. 집단생활에서 규칙을 지킨다.		
17. 새로운 활동에 적극적으로 참여한다.		
18. 차례를 잘 지키고 잘 기다린다.		

관찰유아 : 유영진 관찰자 : 홍현채	생년월일 : 1996. 5. 29. 관찰일 : 2001. 9. 4.	성별 : 남 · 여

체크리스트에 있는 행동이 나타나면 V로 표시한다.	예	아니오
19. 내 물건과 다른 사람의 물건을 구별하여 사용한다.		
20. 활동에 자신감을 갖고 참여한다.		
21. 교사와 관계가 능동적이다.		
22. 교사와 상호작용을 잘 한다.		
23. 친구들의 이름을 알고 가끔 친구에 대해 이야기한다.		
24. 다른 유아와의 문제 해결을 위해 교사나 다른 성인들의 도움을 요청한다.		

출처 : 조순옥 외(2009).

4) 평정척도(rating scale method)

연구 대상의 행동을 관찰한 후 일정한 위치에 평정하도록 하여 수량화된 점수를 부과한다. 사회적 적응을 평가하는 데 자주 사용되며 대개 행동이 끝난 후에 하거나 아동이 없을 때 기록한다.

|표 9-5| **평정척도법의 예**

	유아의 놀이성 정도				
	전혀	조금	다소	많이	아주 많이
신체적 자발성					
동작이 잘 협응된다.					
유아는 신체적으로 능동적이다.					
보다 능동적인 것을 선호한다.					
달리기, 한발뛰기, 껑충뛰기, 도약을 많이 한다.					

	유아의 놀이성 정도				
	전혀	조금	다소	많이	아주 많이
사회적 자발성					
타인의 접근에 쉽게 반응한다.					
타인과의 놀이를 제안한다.					
놀잇감을 흔쾌히 공유한다.					
놀이 시 지도자 역할을 한다.					
인지적 자발성					
스스로 게임을 창안한다.					
놀이에서 비전형적인 놀잇감을 사용한다.					
여러 가지 배역을 가장한다.					
놀이 동안 활동을 변화시킨다.					
분명한 즐거움					
놀이하는 동안 즐거움을 표현한다.					
놀이 동안 충만함을 나타낸다.					
놀이 동안 열정을 보인다.					
놀이 동안 감정을 표현한다.					
놀이하면서 노래하고 말을 한다.					
유머 감각					
다른 유아들과 농담을 즐긴다.					
다른 사람을 조용하게 놀린다.					
재미있는 이야기를 한다.					
유머러스한 이야기에 웃는다.					
익살부리는 것을 좋아한다.					

출처 : 김수영 외(2009).

5) 일화기록법(anecdotal method)

일화기록법은 시간이나 장소의 구애를 받지 않고 특정 행동이나 사건을 사실적으로 기록하는 방법으로 언제, 어디서나 관찰하고 기록할 수 있다. 일화기록은 교실에서 교사가 영유아의 행동을 있는 그대로 관찰하고 기술하는 것이므로 영유아의 일상적인 행동을 이해하는데 도움이 된다. 따라서 일화기록법은 교사의 입장에서 가장 손쉽게 접근할 수 있는 영유아 이해의 방법이다. 일화기록을 할 때에는 다음과 같은 점에 유의한다(최석란 외, 2008).

- 사건이 생긴 후 곧 기록한다. 언제나 기록할 수 있도록 연필과 기록카드를 항상 가까이에 놓는다. 영유아가 보는 앞에서는 기록하지 않는다.
- 대상 인물의 말과 행동을 구별해서 기록한다.
- 관찰시간, 장면, 진행 중인 활동 등 상황적인 자료를 반드시 기록에 포함한다.
- 대상 인물의 언어와 행동을 기록함과 동시에 그 상황에 있는 다른 사람들의 반응도 기록한다.
- 대화의 정확한 의미를 파악하기 위해서 대상 인물이 사용한 말을 그대로 인용한다.
- 일련의 사건을 기록할 때에는 사건이 일어난 순서대로 기록한다. 즉, 일화에는 시작, 중간, 끝이 있어야 한다.
- 일화의 내용을 구체적으로 쓰며 일반적이고 평가적인 면으로 쓰는 것은 피한다.
- 객관적이고 사실적이며 완전한 기록이어야 한다. 간결하고 객관적으로 편견이 개입되지 않도록 한다.

|표 9-6| **일화기록의 예**

일화기록 관찰양식

- 관찰유아 : 김초우
  옥지은

- 생년월일 : 2007. 6. 18.(여)
  2007. 8. 10.(여)

- 관찰일 : 2010. 3. 22.

- 관찰자 : 김진선

- 장면

  등원시간에 엄마와 헤어지기

- 관찰내용

  초우가 교실 앞에서 엄마의 손을 잡고 울고 있다. 책을 읽던 지은이가 책을 놓고 초우에게 다가간다. 초우의 눈물을 닦아주며 "괜찮아"라고 말한다. 초우가 눈물을 그치며 지은이를 바라본다. 지은이가 초우의 손을 잡아주자 초우의 엄마는 교실에서 나간다.

- 관찰 후 소감 및 관찰내용 분석

6) 영상 촬영을 통한 기록

디지털 카메라나 비디오 카메라는 평가와 교수-학습 활동에 유용하게 활용할 수 있는 매체들이다. 디지털 사진은 교실 내 컴퓨터를 통해 쉽게 다운받고 프린트할 수 있다. 사진은 풍부한 정보원이고 다른 관찰자료를 통해 얻은 정보를 보완해 사건에 대한 정확한 세부 내용을 제공해 준다. 놀이 장면을 카메라로 찍을 때 무작위로 찍어서는 안 되며 사진을 찍는 목적과 순간을 분명하게 인식하고 있어야 한다. 관찰해야 하는 유아들의 놀이행동을 잘 포착해야 하며 찍은 후의 사진은 놀이의 수준이나 상태를 탐구하는 데 중요한 정보를 제공해 줄 수 있어야 한다. 비디오 카메라 역시 컴퓨터에 탑재할 수 있고 편집이 가능해 편리하다. 비디오 촬영을 통해 놀이 관찰을 하는 것은 다음과 같은 측면에서 의의가 있다(김수영 외, 2009).

- 교사가 유아놀이를 체계적으로 관찰할 시간을 내기 어려운 문제점을 보완해 줄 수 있다. 비디오 카메라를 관찰하고자 하는 놀이 영역에 설치해 두고 자동으로 기록하게 되면 언제든지 재생해 볼 수 있다.
- 비디오 촬영은 관찰보다 더 상세한 기록을 제공해 준다. 놀이 유형, 놀잇감, 유아와 또래, 유아와 성인 간의 상호작용 내용, 사용된 언어나 몸짓들을 보여 준다.
- 비디오 녹화는 교사들의 관찰기술 증진에도 도움을 준다. 녹화된 비디오 테이프를 틀어두고 몇몇 교사가 함께 보면서 행동목록표나 평정척도에 기록해 보거나 기록한 것을 비교해 봄으로써 놀이관찰의 신뢰도와 일관성을 증진시킬 수 있다.
- 교사가 자신의 놀이지도 기술을 증진하기 위해 비디오를 사용할 수 있다. 자신이 촬영한 비디오를 보면서 자신의 놀이지도 방법을 검토를 할 수 있다.

3. 놀이활동수업 평가

유아들과 함께 놀이 하기 위한 놀이활동계획안의 예이다.

<table>
<tr><td>생활주제</td><td colspan="5">교통안전</td></tr>
<tr><td>소주제</td><td colspan="5">여러 가지 육상 교통기관</td></tr>
<tr><td>활동명</td><td>관광열차 폴카 – 기차놀이</td><td>예 상
연 령</td><td>만4세</td><td>활동형태
(유형)</td><td>신체놀이활동</td></tr>
<tr><td>교육과정</td><td colspan="5">사회관계 〉 다른 사람과 더불어 생활하기 〉 친구와 사이좋게 지내기
신체운동 · 건강 〉 신체 활동에 참여하기 〉 자발적으로 신체활동에 참여하기
신체운동 · 건강 〉 안전하게 생활하기 〉 교통안전규칙 지키기
예술경험 〉 예술적 표현하기 〉 움직임과 춤으로 표현하기</td></tr>
<tr><td>활동목표</td><td colspan="5">* 기차여행에 관심을 갖는다.
* 음악에 맞춰 기차의 움직임을 신체로 표현한다.
* 교통안전규칙을 알고 실천한다.
* 친구를 배려하며 함께 안전하게 활동한다.</td></tr>
<tr><td>활동자료</td><td colspan="5">

관광열차 폴카 음악 동영상, 기차여행 사진 및 영상자료, 기차모양의 펠트조끼
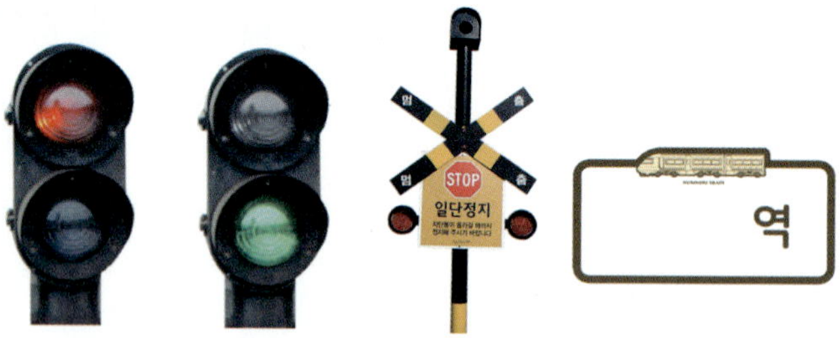

기차 신호등 모형, 기차역 표지판 2개 (출발하는 역, 도착하는 역)</td></tr>
</table>

사전활동	• 다양한 육상 교통기관과 교통안전수칙에 대해 알아본다.
활동방법	1) 기차로 여행을 해 본 경험에 대해 이야기 나눈다. – 기차를 타 본 적이 있나요? – 기차를 타고 어디를 가보았나요? 2) 기차 여행 사진 및 영상자료를 보고 이야기 나눈다. – 기차를 타고 갈 수 있는 곳들이 많이 있고 또 기차로 여행을 할 수도 있어요. 기차여행에 관한 사진(영상)을 준비했는데 함께 보도록 해요. – 기차여행 사진(영상)을 보니 어땠나요? – 기차여행을 하면 어떤 기분이 들 것 같나요? 3) 기차와 관련된 음악이 있음을 소개한다. – 우리가 지금 살펴본 기차여행의 느낌을 표현한 음악이 있다고 해요. 오스트리아 라는 나라에서 태어난 음악가 '요한 스트라우스 2세'가 만든 '관광열차 폴카' 라는 곡이에요. 한 번 감상해 보도록 해요. 음악을 감상할 때는 어떻게 해야 할까요? 4) 음악을 감상한다. 5) 음악 감상의 느낌을 이야기 나누고 활동을 소개한다. – '요한 스트라우스 2세'가 만든 '관광열차 폴카' 라는 곡을 감상해보니 어땠나요? – 다시 한 번 감상하면서 기차의 움직임을 몸으로 표현해 보도록 해요. – 지금 이야기 나눈 음악의 느낌을 우리가 직접 기차가 되어 표현해보려고 하는데 활동을 하기 전에 보여줄 것이 있어요. 이것은 무엇일까요? 맞아요. 여기 신호등과 표지판이 있어요. 이 신호등은 무엇을 의미하는 걸까요? 이 표지판은 무슨 표시일까요? 선생님이 신호등과 표지판을 왜 가져온 것 같나요? 이 신호등은 이 곳에, 이 표지판은 이 곳에 선생님이 세워두려고 해요. 6) 활동 시 지켜야 할 약속과 교통규칙에 대해 이야기 나눈다. – 그럼 우리가 이제부터 기차가 되어서 음악에 맞춰 표현해 볼텐데 어떻게 하면 안전하고 즐겁게 활동할 수 있을까요? – 음악에 맞춰 친구와 함께 기차가 되어 움직이다가 빨강불 신호등 앞에 서면 멈추고, 초록색 신호등으로 바뀌면 다시 출발하도록 해요. 신호를 잘 보면서 ○○역에서 **역까지 갈 텐데 멈춤 표시가 있으면 잠시 멈추어 주변을 살펴보고 움직여 보도록 해요. – 기차는 길다는 특징이 있어서 우리도 친구와 함께 힘을 합해 기다란 기차가 되어보면 좋을 것 같은데 몇 명이 함께 한 기차가 되면 좋을까요? – 그럼 먼저 어떤 친구들이 기차가 되어 볼 수 있을까요? 7) 기차가 되어 음악에 맞추어 기차놀이를 해 본다.

	8) 활동을 평가한다. – 친구와 함께 기차가 되어서 표현해보니 어땠나요? – 음악을 들으며 움직이니 어땠나요? – 활동하면서 어려운 점이 있었나요? – 다음에는 또 어떻게 활동해보면 좋을까요?
활동의 유의점	1. 신체활동을 할 수 있는 충분한 공간과 위험요소가 없는 공간에서 활동하도록 한다. 2. 다양한 속도로 음악의 리듬과 박자에 맞춰 움직이며 활동할 수 있도록 하고, 안전에 특히 유의한다. 3. 교통안전규칙을 준수하며 기차를 친구와 함께 표현할 수 있도록 유도한다.
확장활동	• 자유선택활동 시간에 쌓기영역과 역할영역에서 확장하여 기차놀이를 진행한다. • 숲이나 텃밭, 어린이대공원 등 바깥놀이터에서 활동을 해본다.

놀이활동 후 평가표를 통해 놀이가 잘 이루어졌는지 살펴볼 수 있는 평가표의 예이다.

범 주	평가내용	평가			비고
		상	중	하	
활 동 선 정	• 생활주제와 연계되는가?				
	• 영유아들의 발달에 적합한가?				
	• 교육적 가치가 있는가?				
환 경	• 활동할 수 있는 충분한 공간이 있는가?				
	• 활동을 진행하기에 안전한 공간인가?				
매 체	• 활동에 필요한 자료가 준비되어 있는가?				
활 동 지 도 과 정	• 활동하기에 적절한 대형으로 앉았는가?				
	• 주의집중 및 수업을 위한 도입의 수수께끼, 동화, 자료설명, 경험회상 등의 도입방법을 사용하는가?(동기유발적절한가?)				
	• 활동방법을 소개하는가?				
	• 놀이규칙을 정하는가?				
	• 시범을 보여주는가?				
	• 영유아들의 흥미에 따라서 반복하거나 중단하는가?				
	• 교수학습자료가 적합하며 적절하게 활용되었는가?				
	• 영유아들의 창의적인 사고를 고려하여 발문이 이루어졌는가?				
	• 영유아들의 질문에 적절한 대답을 주는가?				
	• 교수언어가 적절하며 유아들에게 친근감이 있는가?				
	• 영유아의 참여가 적절하게 잘 이루어졌는가?				
	• 지도절차 및 시간배분이 합리적인가?				
마무리	• 영유아들과 함께 오늘활동에 대한 평가를 하는가?				
	• 활동이 끝났음을 알리고 다음 활동을 소개 하는가?				

Part 2

놀이실제

Chapter 1 전통놀이

전통놀이는 예부터 전해 내려오는 여러 가지 놀이로서 전통성, 역사성, 고유성, 지속성을 지니고 행해져 오는 놀이이다.

전통놀이를 통해 영유아들은 다음과 같은 발달이 이루어진다(소양초등학교 병설유치원, 2005).

첫째, 영유아에게 즐거움을 줄 수 있다. 여러 친구들과 함께 어울려 뛰고 숨고 밀고 당기며 자신의 정서를 표출할 수 있다.

둘째, 영유아를 건강하게 자라게 한다. 온몸을 움직이며 몸의 균형을 유지하고 신체적으로 성장해 간다.

셋째, 영유아에게 공동체의식을 길러준다. 또래들과 어울려 놀이규칙을 정하고 서로 힘을 합해 놀이를 진행시키며 협동심을 기를 수 있다.

넷째, 영유아에게 사회적 규칙을 배우게 한다. 전통놀이를 통해 경쟁, 양보, 공정성과 같은 사회적 기술과 태도를 배울 수 있다.

다섯째, 창의적인 표현능력을 기른다. 전통놀이를 통해 다양한 형태로 표현할 수 있고 창의적으로 해석할 수 있다.

|표 1-1| **전통놀이의 유형**

전통놀이 유형	명 칭	내 용
영아를 위한 전통놀이	도리도리	성인의 '도리도리'에 맞추어 유아가 머리를 좌우로 흔드는 놀이로서 백일 전후 영아의 목운동 효과가 있는 놀이이다.
	짝짜꿍	영아가 두 손을 펴서 손바닥을 마주치는 놀이로서 눈과 손의 협응력 발달을 위한 놀이이다.
	곤지곤지	영아가 한 손의 검지를 펴고 나머지 손가락을 오므린 채 다른 손의 바닥을 두드리는 동작으로 눈과 손의 협응을 목표로 한다.
	잼잼	성인의 시범을 따라 양손의 손가락을 오므렸다 폈다 하는 놀이로서 3, 4개월~첫돌까지 영아를 위한 단독놀이이다.
	따로따로	영아를 방 모서리에 잠시 기대어 세워 두거나 방의 가운데 세워 두어 쓰러질 듯하면 잡아 주는 놀이로서 영야의 '서기'를 촉진시킨다.
	단지팔기	영아를 안아 자신의 허리 뒤에 가로 업어 자신과 같이 앞 방향을 보게 하고 "똥단지 사세요."라고 외친다. 영아의 배변의식을 자극하는 놀이이다.
대근육 운동 전통놀이	동대문을 열어라	술래가 두 손을 맞잡아 들고 동대문을 만들면 나머지 유아들이 앞사람 허리를 잡고 통과하면서 "동동 동대문을 열어라" 노래를 한다. 노래가 끝날 때 술래가 팔을 내려 유아를 가두면 그 속에 갇힌 유아가 다음 술래가 된다.
	가마타기	두 명의 유아가 서로 두 손을 엮어 가마를 만들고 그 위에 한 명의 유아를 태워 주는 놀이로서 유아의 대근육 발달과 사회성을 키워 준다.
	깨금뛰기	유아가 한쪽 다리를 옆으로 구부려 한 손으로 그 발목을 잡고 다른 발로 오래 서 있거나 뛰어다니는 놀이로 균형감각을 키워 주는 놀이이다.
	그림자 밟기	한낮에 마당에서 유아들이 상대의 그림자를 밟거나 자기 그림자가 남에게 밟히지 않도록 뛰어다니는 놀이이다.
	무궁화 꽃이 피었습니다	술래가 벽을 보고 "무궁화 꽃이 피었습니다"를 외치는 동안 나머지 유아가 조금씩 움직여 술래 쪽으로 다가가는데 이때 움직임을 들킨 유아가 술래의 손을 잡고 선다. 나머지 유아들이 조금씩 다가와 잡힌 손을 탁 쳐 주고 도망가면 술래가 뒤쫓아와 다음 술래를 잡는다.

전통놀이 유형	명 칭	내 용
소근육 운동 전통놀이	실뜨기	60cm 정도의 실을 잘라 양끝을 묶은 후 한 유아가 두 손 전체로 실을 팽팽하게 한다. 나머지 유아가 손가락으로 실을 걷어 올리거나 내리면서 새로운 모양을 만든다.
	쌀보리	두 유아가 마주 앉아 한 유아가 자신의 두 손바닥을 펴서 손목 부분을 모아 붙인 후 오므렸다 폈다 하면서 "쌀, 보리" 하고 말한다. 다른 유아는 주먹 쥔 손을 상대의 손에 넣었다 뺐다 하는데 "쌀" 하면서 오므리면 잡을 수 있으므로 재빨리 주먹을 빼야 한다.
	공기받기	작은 돌 5개를 사용하여 노는 집단놀이로 여러 가지 변형된 놀이 형태가 존재한다.
	두꺼비 집짓기	모래더미에서 유아들이 한 손을 모래에 묻고 다른 손으로 그 위를 두드리다가 모래에 넣었던 손을 살짝 빼서 구멍을 만드는 놀이이다.
	땅따먹기	땅바닥에 큰 원이나 네모를 그리고 작은 돌멩이를 구해 말로 정한다. 자기 집 안에서 출발하여 말을 세 번 튕겨서 자기 집으로 돌아온다. 세 번 만에 들어온 선을 연결하여 그 선 안의 땅이 자기 것이 된다. 말이 선 밖으로 나가거나 세 번 만에 돌아오지 못하면 다음 차례가 한다.
놀잇감이 있는 전통놀이	소꿉장난	돌, 나뭇가지 등의 자연물을 이용하여 밥 짓기, 반찬 만들기 등을 하며 엄마, 아빠, 아기 등의 역할을 흉내 내며 노는 역할놀이이다.
	수박냄새 참외냄새	풀잎을 뜯어 손바닥으로 부비면서 "수박냄새 나나 참외냄새 나나"노래를 부르며 냄새를 구별하는 놀이이다.
	풀싸움	봄철 놀이로서 풀을 뜯어 줄기를 엇갈려 잡아 당겨서 먼저 끊어지는 쪽이 지게 되는 놀이이다.
	비석치기	무릎, 팔, 겨드랑이에 납작한 돌을 끼웠다가 세워 둔 돌멩이에 떨어뜨려 쓰러뜨리는 놀이로 옛날 서민들이 양반사회의 송덕비에 대한 울분을 토로하면서 했던 놀이에서 유래되었다.
	투호	1인당 12개의 화살을 가지고 3척 거리에 있는 투호 병에 '살'을 던져 많이 꽂은 수로 승부를 결정하는 놀이이다.

전통놀이 유형	명 칭	내 용
노래가 있는 전통놀이	꽃 찾기 놀이	"우리 집에 왜 왔니, 왜 왔니, 왜 왔니?" 노래를 부르며 앞으로 나아가고 상대편은 뒷걸음으로 물러서면서 상대편 유아 중 한 명을 지목하여 가위바위보를 한다. 지는 유아가 이기는 편으로 간다.
	여우놀이	술래가 여우가 되어 원 안에 앉는다. 나머지 유아들이 '여우야 여우야 뭐하니?'를 부른다. 술래가 '죽었다' 하면 그 자리에 있고, '살았다' 하면 모두 달아난다. 술래가 잡은 유아가 다음 술래를 한다.
	이거리 저거리	유아들이 두 줄로 마주 앉아 두 다리를 교대로 끼워 앉는다. 한 명의 유아가 손으로 다리를 차례로 짚는다. 노래가 끝나는 순간 손에 짚히니 유아의 다리는 오그릴 수 있다. 먼저 두 다리를 오그리는 유아가 이긴다.
	약손	유아가 배탈이 나서 아파 칭얼댈 때, 성인이 유아의 배를 부드럽게 쓸어 주면서 부르는 노래놀이이다. "엄마손은 약손 ㅇㅇ배는 똥배"
	수건 돌리기	유아들이 원으로 둘러앉아 노래를 부르는 동안에 술래가 된 유아는 원 밖에서 돌다가 한 유아의 뒤에 수건을 살짝 놓는다. 그것을 알아차린 유아가 수건을 얼른 집어들고 얼른 쫓아가 술래가 빈 자리에 앉기 전에 치는 놀이이다.
	꼬부랑 할머니	유아의 대 · 소변 가리기를 위해 창안된 노래놀이이다.

출처 : 김수영 외(2009).

팽이놀이

● **활동목표** 1. 우리나라 전통놀이에 대해 알 수 있다.
2. 규칙을 지킬 수 있다.
3. 물체운동에 대한 지식과 몸을 단련할 수 있다.

● **준비물** 팽이, 팽이채

● **놀이방법**

1. 전통놀이에 대해서 이야기를 나누어 본다.
   - 전통놀이에는 어떤 것이 있을까? (제기차기, 연날리기, 널뛰기, 투호놀이 등).
2. 요즘 우리들이 하는 놀이에 대해서도 이야기를 나누어 본다.
   - 옛날에는 제기차기, 널뛰기를 했는데 우리는 요즘 어떤 놀이를 하니? (컴퓨터 게임, 병원놀이, 카드놀이)
3. 팽이에 대해 이야기해 주고 놀이방법에 대해 이야기해 준다.
   - 이 팽이를 가지고 어떻게 놀이할 수 있을까?
4. 팽이채로 팽이를 치며 돌리는 방법도 설명해 준다.
5. 다양한 종류의 팽이를 가지고 돌리기도 하고 스위치로 누르기도 하는 등의 팽이 돌리는 방법을 알려 준다.

제기차기 놀이

● **활동목표** 1. 대근육 발달을 돕는다.
2. 전통놀이에 친근감을 갖는다.
3. 여러 가지 방법으로 제기차기를 해 볼 수 있다.

● **준비물** 다양한 모양의 제기

● **놀이방법**

1. 전통놀이의 하나인 제기차기에 대해 이야기 나눈다.
   - 제기를 가지고 어떻게 놀이할 수 있을까?
   - 손으로 던져서 받을 수도 있을까?
2. 제기를 탐색해 본다.
   - 어떤 모양으로 생겼니?
   - 어떤 물건과 비슷하니?
3. 다양한 방법으로 제기를 찰 수 있음을 이야기해 준다(한 발 차기, 양발 차기, 던져 차기 등).

참고사항 유아들이 직접 제기를 만들어 활동을 하면 더 효과적이다. 민속촌과 같은 전통의 것을 배울 수 있는 곳에 견학을 가면 더 많은 전통놀이를 배우고 체험해 볼 수 있다.

투호놀이

● **활동목표**

1. 집중력을 기르고 눈과 손의 협응력을 기른다.
2. 거리감과 힘 조절하는 것을 배울 수 있다
3. 들어간 화살의 개수를 세어 보며 수 개념을 기른다.
4. 같은 팀을 응원하며 협동능력을 키운다.
5. 전통놀이에 대해 이해한다.

● **준비물** 전통놀이 그림판, 호루라기, 통 2개, 화살(1인당 2개)

● **놀이방법**

1. 이전에 배웠던 전통놀이 방법에 대해 이야기를 나눈다.
2. 투호놀이에 필요한 재료들에 대해 수수께끼를 통해 알아 본다.
   - '나는 끝이 뾰족해요'
     '내 몸은 날씬하고 꽤 길어요'
     '사람들은 나를 집어서 던지지요'
     '나는 누구일까요?' 나는 화살입니다.
   - '나는 몸이 뚱뚱해요'
     '동그랗고, 위가 뻥! 뚫려 있어요'
     '사람들은 화살을 던져서 나에게 집어 넣어 주지요'
     '나는 누구일까요?' 나는 화살통입니다.
3. 놀이규칙과 주의할 점을 알려 준다.
4. 출발선을 알려 주고 출발선에서 화살을 던질 수 있도록 한다.
5. 투호놀이를 시작한다.
6. 팀을 나누어 놀이를 해본다.

참고사항 통의 위치를 다르게 하고 한 발로 서서 던져 보도록 한다. 코끼리 코를 만들어 제자리에서 3~5바퀴 돈 뒤 하나, 둘, 셋을 센 다음 화살을 던져 볼 수도 있다. 투호를 직접 만들어 놀이할 수도 있다.

사방치기 놀이

● **활동목표**
1. 순서의 개념을 배운다.
2. 몸의 균형을 익힐 수 있다.
3. 대근육 발달을 돕는다.

● **준비물** 사방치기 모형, 공기돌 또는 공기망

● **놀이방법**

1. 전통놀이 종류에 대해 이야기 나눈다.
2. 사방치기 놀이에 대해 알려 준다.
   - 사방치기란 어떤 놀이일까?
   - (놀이판을 보여 주며) 어떤 숫자들이 적혀 있니?
   - 어떻게 놀이할 수 있을까?
3. 놀이방법을 설명한다.
4. 숫자 1부터 공기망을 던져 놓고 숫자 2에서 시작하여 지나간다.
5. 다음은 숫자 2에 공기망을 던져 놓고 숫자 2를 제외하고 8까지 지나간다.
6. 같은 방법으로 계속한다.
7. 8단계까지 성공하면 자기 숫자 땅을 살 수 있다.
8. 교사가 먼저 시범을 보인다.
9. 한 사람씩 돌아가며 해 본다.
10. 팀을 정하여 순서에 따라 연결하며 사방치기 놀이를 하도록 지도한다.

윷놀이

● **활동목표**
1. 전통놀이에 친근감을 가진다.
2. 다양한 모양을 살펴볼 수 있다.
3. 소근육 발달을 돕는다.
4. 눈과 손의 협응력을 키운다.
5. 게임의 규칙을 이해한다.

● **준비물** 윷, 윷놀이 판, 여러 색깔의 말

● **놀이방법**
1. 윷을 탐색한다.
   – 어떤 모양으로 생겼니?
   – 몇 개의 윷이 있니?
   – 어떤 방법으로 놀이할 수 있을까?
2. 규칙에 대해 서로 이야기를 나눈다(도, 개, 걸, 윷, 모에 따라 말이 몇 칸씩 갈 수 있는지 설명해 준다).
3. 순서를 정하고 말을 나누어 갖는다.
4. 윷을 던져 해당되는 개수만큼 말을 말판에 옮겨 놓는다.
5. 출발에서 시작하여 도착 지점에 먼저 도착한 유아가 이긴다.

참고사항 규칙을 변동하여 윷놀이를 할 수 있다.

서양 전통놀이(체스)

● **활동목표** 1. 사고력과 문제 해결력을 키울 수 있다.
2. 눈과 손의 협응력을 키운다.
3. 소근육 발달을 돕는다.

● **준비물** 체스판

● **놀이방법**

1. 규칙이 적혀 있는 판을 보여 주며 놀이규칙에 대해 이야기 나누고 규칙을 익힌다.
2. 각 말이 어떻게 움직일 수 있는지 각각의 말이 가지고 있는 특징을 익힌다.
3. 말이 특징대로 움직이며 상대의 말을 잡을 수 있는 것을 알려 준다.
4. 중심말(임금말)이 움직일 곳이 없어지면 게임에서 지는 것을 알게 한다.
5. 가위바위보를 하여 이긴 사람이 먼저 체스말을 움직인다.
6. 게임 도중 각 체스가 가지고 있는 규칙으로 움직이지 않을 시 다시 알려 준다.
7. 서로 자신의 말을 잡고 잡히며 놀이가 진행된다.
8. 최종 중심체스 또는 임금체스가 움직일 곳이 없어지면 게임은 종료된다.

참고사항 놀이방법을 어렵게 느낄 수 있으므로 자세히 설명해 준다. 연령이 어린 유아보다는 만 4~5세 유아에게 적절하다.

Chapter 2 감각 및 조작놀이

감각놀이는 영유아들이 오감각을 통해 사물과 환경을 탐색하고 사물과 사물 간의 관계를 유추하거나 원인과 결과를 추정하는 기본 지식을 형성해 나갈 수 있도록 하는 놀이이다.

조작놀이는 게임판과 게임카드, 그림 맞추기, 구슬 등과 같이 일반적으로 유아들이 책상 위에서 개별적으로 가지고 놀 수 있는 교구 및 놀잇감들과의 상호 작용을 이루는 놀이이다.

빨대 목걸이 꿰기

● **활동목표** 1. 눈과 손의 협응력을 기른다.
2. 주의 집중력을 기른다.
3. 빨대목걸이를 완성하는 기쁨을 경험한다.

● **준비물** 빨대(일정한 간격으로 잘라 놓은 것), 털실 또는 빵끈, 스카치테이프, 전통갓.

● **놀이방법**

1. 전통갓을 보여주며 언제 쓰는 물건인지 이야기 나눈다.
   – 언제 쓰는 물건인가?
   – 전통갓을 쓴 사람을 본적인 있는지?
   – 보았다면 어디서 보았는지?
2. 전통갓을 쓰려면 어떤 것이 필요한지 이야기 나눈다.
3. 끈이 필요하다면 어떻게 만들 수 있는지 이야기 나눈다.
   – 어떤 방법으로 끈을 만들 수 있을까?
4. 빨대와 털실 또는 빵끈을 보여주며 이떻게 목길이를 연결할 수 있는시 이야기 나눈다.
5. 긴털실 또는 빵끈에 자른 빨대를 한 개씩 꽂아 넣는다(털실을 이용할 시 털실 끝에 스카치 테이프를 붙여 끝을 힘있게 만든다).
6. 빨대목걸이를 완성하여 갓에 연결한다.
7. 완성된 전통갓 목걸이를 쓰고 역할놀이를 해 본다.

무엇인지 맞추어 보기

● **활동목표**
1. 다양한 사물을 비밀상자에 담아 촉감과 모양만으로 느끼게 하여 사물의 특징을 알아본다.
2. 같은 촉감 다른 모양의 사물을 넣어 사물의 쓰임새와 용도를 이해한다.
3. 나이가 어린 아기들에게는 많은 호기심과 풍부한 자극의 경험을 할 수 있게 한다.

● **준비물** 손가락 인형, 비밀상자, 표면의 느낌이 같고 모양이 다른 도형 3개
표면에 쌀을 붙인 사물 2개, 표면에 콩을 붙인 사물 2개, 조약돌 2개

● **놀이방법**
1. 출석을 부르며 아이들의 얼굴을 확인한다.
2. 비밀상자에 준비한 사물을 모두 넣는다.
3. 한 명씩 비밀상자에 손을 넣어 사물을 느껴보게 하고 그 사물의 느낌을 말하게 한다.
   - 어떤 느낌이 드니?
   - 이 물건은 또 어떤 느낌인지 말해 줄 수 있니?
4. 아이에게 사물을 꺼내고 어디에 쓰는 사물인지 물어 보고 아이들에게도 의견을 들어 본다.
   - 이것은 언제 쓰는 물건일까?
5. 아이들은 제 각각 자신의 의견과 다른 사람의 의견을 비추어 본다.
6. 감촉은 동일하나 모양이 다른 사물을 상자에 넣고 한 명씩 선택하게 하고 그 사물이 어떻게 쓰이는지 이야기 나눈다.
7. 우리 주위에는 여러 가지 모양이 숨어 있으며 우리 생활에는 여러 가지 도형이 있음을 이야기해 준다.

참고사항 활동재료의 재질과 다양한 쓰임새를 이야기하며 우리가 생각하지 못한 곳에 다양한 활동재료가 있음을 알려 준다. 생활 주변의 다양한 사물과 물체를 가지고 놀이를 할 수 있다.

퍼즐놀이

● **활동목표** 1. 눈과 손의 협응력을 키운다.
2. 성취감을 느낄 수 있다.
3. 친구들과 협력하며 사회성을 기를 수 있다.

● **준비물** 동물농장 퍼즐

● **놀이방법**

1. 소풍으로 동물원에 다녀온 이야기를 나눠본다.
   - 동물원에서 어떤 동물들을 보았었지?
   - 동물들이 어떤 소리를 내었니?
2. 동물농장 노래를 듣고 따라 불러 본다.
3. 퍼즐을 보며 동물에 대해 이야기를 나눈다.
4. 퍼즐 속의 네 가지 그림을 보여 주며 이야기를 나눈다.
   - 이 퍼즐에는 어떤 동물들이 숨어 있을까?
   - 다른 퍼즐에는 어떤 동물들이 있을까?
5. 퍼즐을 만져 보고 어떤 느낌인지 이야기 나눠 보고 직접 맞춰 가며 손끝이 느낌을 느껴 보도록 하게 한다.
6. 퍼즐을 만져 보며 쌀, 모래, 부직포, 솜, 골판지 등으로 만든 것임을 알도록 이야기를 유도한다.
   - 이 퍼즐을 만져 보니 어떤 느낌이 드니?
   - 무엇 때문에 이런 느낌이 들까?
7. 쌀은 딱딱하고 모래는 까끌까끌하며 솜은 푹신하고 골판지는 울퉁불퉁한 느낌임을 알게 한다. 또한 빵가루는 부드럽고 미끌한 것임을 만져 보며 느끼게 한다.
8. 손의 감각을 느낄 수 있도록 한다.
9. 팀을 나누어 퍼즐을 맞추도록 하는 것도 재미있다.

참고사항 우리가 만진 것 외에도 다양한 촉감을 느낄 수 있는 것들이 있다는 것을 알게 한다.

로션을 이용한 감각놀이

● **활동목표** 1. 촉감을 느낄 수 있고 감각에 대해 배울 수 있다.
2. 자신의 감정을 표출할 수 있어 편안함을 느낄 수 있다.

● **준비물** 큰 비닐, 넓은 테이프, 로션

● **놀이방법**

1. 큰 비닐을 바닥에 깔아 둔다.
2. 비닐 주변에 아이들이 앉을 수 있도록 한다.
3. 준비물을 소개하고 준비물의 쓰임새에 대해 이야기 나눈다.
   - 로션을 우리가 언제 사용할까?
   - 로션은 어떤 느낌이지?
   - 로션에서는 어떤 냄새가 나는 것 같니?
4. 로션을 비닐에 뿌린 후 먼저 교사의 지시에 따라 대상을 그리도록 지도한다.
   - 예쁜 꽃을 한번 그려 볼까!
5. 다음에는 내가 그리고 싶은 것을 그리도록 한다.
   - 엄마 얼굴 그리기
   - 먹고 싶은 음식 그려 보기

참고사항 발바닥을 이용하여 걷기 및 표현놀이도 할 수 있다. 발바닥을 이용한 감각놀이는 훨씬 더 역동적이다.

나뭇잎 모양을 이용한 감각놀이

● **활동목표** 감각 나뭇잎을 만지며 다양한 촉감을 경험할 수 있다.

● **준비물** 나뭇잎 모양 종이, 다양한 질감이 나는 천, 가위, 테이프

● **놀이방법**

1. 나무를 살펴보고 관찰한다.
2. 나뭇잎의 생김새와 색깔을 살펴보고 나무와 나뭇잎을 만져 촉감을 느껴 본다.
3. 나뭇잎 모양 종이에 다양한 종류의 천을 댄다.
4. 유아들이 만든 킬트를 연결하여 책으로 만든다.
5. 유아들이 만든 감각책의 나뭇잎을 한 개씩 만져보며 느낌을 경험한다.
6. 만져 본 다양한 종류의 나뭇잎의 느낌을 이야기 해 본다.

피자 조각을 이용한 조작놀이

- **활동목표** 1. 피자 조각을 떼고 붙이며 조작놀이를 할 수 있다.
  2. 피자 조각을 떼고 붙이며 눈과 손의 협응력을 키울 수 있다.
  3. 조각의 수와 나누는 것에 대해 배울 수 있다.

- **준비물** 피자 조각
  (부채꼴 모양의 종이, 크레파스, 풀, 가위, 여러 가지 스티커, 찍찍이와 보슬이)

- **놀이방법**

1. 유아들과 피자를 먹어 본 경험에 대해 이야기를 나눈다.
2. 먹고 싶은 피자의 모양을 생각한다.
3. 부채꼴 모양의 종이에 색종이, 스티커, 그리기 도구 등으로 피자를 표현한다.
4. 각자가 만든 피자를 모아서 하나의 피자를 만든다.
5. 만든 피자를 코팅하고 찍찍이와 보슬이를 붙인다.
6. 만든 피자를 가지고 피자가게 놀이를 하며 피자를 떼고 붙여 본다.
7. 피자 조각을 가지고 수놀이를 할 수도 있다.

도넛 만들기를 통한 조작놀이

● **활동목표** 1. 눈과 손의 협응력을 기른다.
2. 요리활동을 통해 물질의 변화를 관찰한다.

● **준비물** 밀가루, 식용색소, 모양틀, 소금, 설탕, 큰 용기, 쟁반, 붓, 달걀, 프라이팬, 우유

● **놀이방법**

1. 만들어 보았던 음식(도넛)에 대해 이야기해 본다.
   - 요리를 해 본 적이 있니?
   - 엄마와 함께 만들어 본 음식에는 어떤 것들이 있니?
2. 무지개 도넛을 만들기 위해 필요한 재료를 탐색한다.
3. 큰 용기에 도넛 가루, 달걀을 섞은 다음 물을 천천히 붓고 반주한다.
4. 도넛 반죽을 밀대로 민다.
5. 반죽을 연결하여 동그라미 모양으로 만든다.
6. 모양틀을 이용하여 다양한 모양의 도넛을 만들어 본다.
7. 시금치, 당근을 믹서에 갈아 색소를 만든다.
8. 색소를 도넛에 색칠한다.
9. 만들어진 도넛을 프라이팬에 기름을 붓고 튀겨낸다.
10. 도넛을 시식한 후 먹어 본 느낌과 다양한 색채에 관심을 갖고 이야기 나눈다.
11. 도넛 모양을 만들 때의 느낌에 대해 나누어 본다.

참고사항 불은 많이 위험함으로 튀기는 부분은 조리실에서 교사가 단독으로 진행하는 것이 바람직하다.

풍선을 사용한 촉감놀이

● **활동목표** 1. 다양한 곡식의 촉감을 느끼고 이야기한다.
2. 창의적이고 과학적인 문제 해결력을 기른다.

● **준비물** 풍선, 쌀, 콩, 전분, 매직, 네임펜, 깔때기

● **놀이방법**

1. 준비된 각 곡식을 만져 보고 촉감을 느껴 본 후 이야기 나눈다.
2. 풍선에 네임펜을 이용하여 그림을 그린다.
3. 원하는 곡식을 한 가지 골라서 풍선에 넣어 본다(이때 풍선 안에 곡식을 넣는 다양한 방법을 탐구해 본다).
4. 풍선 입구를 막는다.
5. 완성된 풍선을 가지고 다양한 촉감놀이를 해 본다.
   - 손으로 주물주물 만져 보기
   - 몸에서 대고 굴려보기
   - 풍선을 상하좌우로 늘려 보기

참고사항 풍선 안에 곡식을 넣을 때 교사는 유아의 다양한 생각을 격려해 준다.

Chapter 3

쌓기놀이

쌓기놀이는 다양한 크기와 모양을 이용하여 입체적인 구조물을 만드는 놀이를 말한다.

영유아는 쌓기놀이를 통해 다음과 같은 발달을 도울 수 있다.

첫째, 영유아의 정서발달을 돕는다. 자신이 만든 작품을 보며 기쁨과 만족, 성취감을 느낄 수 있고 공포, 분노, 질투심 등의 감정을 해소시킬 수 있다.

둘째, 영유아의 사회성 및 언어발달을 돕는다. 친구들과 함께 자신의 생각을 말하고 블록을 나누어 가지면서 자신의 역할 및 규칙을 배울 수 있다.

셋째, 영유아의 신체발달을 돕는다. 자신의 키보다 높은 구조물을 만들며 팔을 뻗고 기어다니며 허리, 팔, 다리 등을 사용하고 손과 손가락을 이용하여 대·소근육 발달을 돕는다.

넷째, 영유아의 인지발달을 돕는다. 블록의 크기와 모양을 살피고 나누며 분류능력이 발달하고 삼각형, 사각형, 원기둥 등과 같은 도형의 이름을 배운다. 구조물을 만들고 연산에 대해 익히고 자신의 구조물을 관찰·비교하며 과학적 소양을 배운다.

영유아가 블록놀이하는 과정을 다음 7단계로 설명할 수 있다(Johnson 외, 1999).

- 제 1단계 : 블록을 이리저리 옮기는 단계
- 제 2단계 : 구조물을 만들기 시작하는 단계
- 제 3단계 : 다리(bridge)를 만드는 단계
- 제 4단계 : 폐쇄공간을 만드는 단계
- 제 5단계 : 장식적 패턴이 나타나는 단계
- 제 6단계 : 구조물에 이름을 붙이는 단계
- 제 7단계 : 블록에 의한 표상이 활발한 단계

얼음집 짓기

● **활동목표** 1. 블록을 자유롭게 구성하면서 눈과 손의 협응력을 키운다.
2. 자기 생각을 표현하며 창의력을 키울 수 있다.
3. 다양한 집의 형태를 배울 수 있다.

● **준비물** 에스키모인 복, 털두건, 이글루 사진, 얼음 블록(상자들을 흰 모조지나 창호지로 싸서 얼음 덩어리로 만듬, 스티로폼을 이용할 수 있음)

● **놀이방법**

1. 쌓기 영역의 벽면에 에스키모의 얼음집(이글루) 사진이나 그림을 붙여 준다.
2. 얼음 블록을 가지고 자유롭게 얼음집을 구성한다.
3. 얼음집이 완성되면 얼음집 이글루에 대한 설명과 함께 에스키모인들 의상을 입어 보고 이글루를 들어가는 체험놀이를 해 본다.

참고사항 얼음블록은 손쉽게 만들 수 있어 아이들 스스로 만들어 놀이하면 더 재미있다. 이글루의 집 표현뿐만 아니라 단순한 블록으로도 활용될 수 있다. 종이벽돌 블록을 이용할 수도 있다.

모양블록을 이용한 쌓기놀이

● **활동목표** 1. 손과 눈의 협응력을 키운다.
2. 블록을 높이 쌓으며 조절능력을 키울 수 있다.
3. 블록을 이용한 그룹게임을 통하여 경쟁심 및 협동심을 키울 수 있다.

● **준비물** 여러 종류의 블록, 주사위 등

● **놀이방법**

1. 다양한 블록의 종류에 대해 이야기 나눈다.
2. 여러 가지 종류의 블록을 보며 블록을 이용하여 놀이할 수 있는 방법에 대해 이야기한다.
3. 블록을 가지고 놀이할 때 주의해야 할 점이 무엇인지 생각해 본다.
4. 블록놀이를 할 때 규칙에 대해 이야기한다.
5. 블록놀이 후 정리하는 방법에 대해서도 이야기한다.
6. 두 편을 나누어 주사위를 각각 던져서 주사위 수만큼 팀이 블록을 쌓는다.
7. 계속해서 블록을 쌓아 블록이 먼저 넘어지는 팀이 지는 것으로 하고 진 팀은 이긴 팀에게 절을 한다.
8. 이때에 이긴 팀은 어른인 것처럼 에헴 하면서 수염을 쓰다듬으며 절을 받는다.

참고사항 모양 블록에 붙은 모양을 가지고 이야기해 볼 수도 있다.

수수깡 쌓기

● **활동목표** 1. 손과 눈의 협응력을 키운다.
2. 수수깡을 이용한 쌓기를 통해 균형감을 익힐 수 있다.
3. 미적 감각을 발달시킨다.

● **준비물** 수수깡, 플라스틱 핀

● **놀이방법**

1. 수수깡 재료에 대해 이야기 나눈다.
   - 수수깡은 어떤 특징을 가지고 있을까?
   - 수수깡을 이용하여 무엇을 만들 수 있을까?
2. 플라스틱 핀도 보여 주며 이야기를 나눈다.
   - 플라스틱 핀을 어떻게 이용할 수 있을까?
3. 수수깡을 다양한 크기로 자른다.
4. 큰 수수깡을 중심으로 작은 수수깡들을 이용하여 쌓기놀이를 할 수 있도록 지도한다(플라스틱 핀을 이용하여 길게 또는 짧게 쌓아 갈 수 있음을 이야기해 준다).
5. 교사가 시범을 보여 준다.
6. 다양한 모양으로 쌓을 수 있도록 지도한다(예 : 전봇대, 나뭇가지 등).

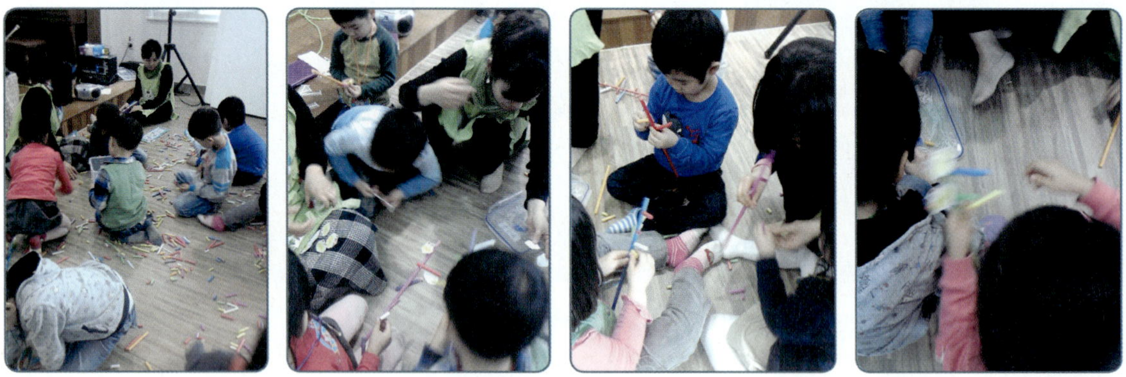

참고사항 플라스틱 핀은 보통 판매하는 수수깡 안에 들어 있다. 플라스틱 핀이지만 사용할 때 찔리지 않도록 주의를 주어 지도한다.

레고 블록을 이용하여 만들기

● **활동목표** 1. 손과 눈의 협응력을 키운다.
2. 공간개념과 입체 구성력을 증진할 수 있다.
3. 만든 완성품을 가지고 다양한 놀이를 할 수 있다.
4. 함께 놀이하며 사회적 기술을 향상시킬 수 있다.

● **준비물** 레고 블럭, 블록을 이용한 다양한 완성품 모양책

● **놀이방법**

1. 블록을 가지고 만들 수 있는 다양한 물건 또는 사물에 대해 이야기 나눈다.
2. 오늘의 주제에 맞추어 유아들이 함께 무엇을 만들 수 있을지 이야기 나눈다.
3. 만들 작품을 정한 후 어떻게 나누어 만들지 생각해 본다.
4. 함께 서로 의논하여 만든 후 작품을 완성한다.
5. 만든 작품을 가지고 어떤 놀이를 할 수 있는지 이야기 나눈다.

참고사항 유아는 함께 쌓기로 지도할 수 있지만 영아는 혼자 쌓기놀이 중심으로 활용한다. 블록 작품을 이용하여 놀이를 진행하도록 지도한다.

끼우기 블록을 이용하여 작품 만들기

● **활동목표**
1. 블록을 끼고 빼며 손과 눈의 협응력을 키운다.
2. 공간개념과 입체 구성력을 증진할 수 있다.
3. 만든 완성품을 가지고 다양한 놀이를 할 수 있다.
4. 상상력과 창의적 표현을 기른다.

● **준비물** 다양한 끼우기 블록, 블록을 이용한 다양한 완성품 모양책

● **놀이방법**
1. 블록을 가지고 만들 수 있는 다양한 물건 또는 사물에 대해 이야기 나눈다.
2. 블록을 이용하여 만든 다양한 완성품 모양책을 보여주며 어떻게 만들 수 있을지 의논해 본다.
3. 만든 물건을 가지고 어떤 놀이를 할 수 있는지 이야기 나눈다.

참고사항 완성한 블록 작품을 사진 찍어 주어 성취감을 느끼도록 한다. 찍은 사진을 기초로 하여 또 다른 작품으로 연결할 수 있도록 한다.

블록을 이용하여 탑 쌓기

● **활동목표**
1. 높이 블록을 쌓아 보며 형태 및 높이 개념을 발달시킬 수 있다.
2. 블록을 높이 쌓아 보며 균형감각을 기른다.
3. 블록을 끼고 빼며 손과 눈의 협응력을 키운다.
4. 공간개념과 입체 구성력을 증진시킬 수 있다.

● **준비물** 다양한 블록

● **놀이방법**

1. 블록을 탐색하도록 한다.
2. 선택한 블록을 하나씩 올려 놓으며 높이 쌓아 보도록 유도한다.
3. 교사는 블록을 하나씩 올려 놓을 때 블록의 수를 세어 준다.
   - 하나, 둘, 셋, 넷…
4. 블록을 쌓다가 넘어지면 다시 쌓을 수 있도록 한다.
   - 블록이 넘어졌네. 다시 쌓아 볼까?
5. 반복하여 쌓기를 하고 또 다른 블록을 가지고 쌓기도 할 수 있도록 한다.

참고사항 블록이 어느 정도 높이 쌓아졌을 때 넘어뜨리기를 하면 더 흥미롭고 즐거운 놀이로 연결할 수 있다.

색깔 나무젓가락 쌓기

● **활동목표** 1. 젓가락을 정교하게 움직이며 소근육 발달을 도울 수 있다.
2. 높게 쌓기를 하며 자신감과 성취감을 느낄 수 있다.
3. 친구와 함께 협동심을 키울 수 있다.
4. 도형(삼각형, 사각형, 오각형, 육각형)에 대해 배울 수 있다.

● **준비물** 색깔 나무젓가락, 도화지

● **놀이방법**

1. 가지고 있는 놀이감을 소개한다.
2. 각 놀잇감을 가지고 할 수 있는 놀이들을 이야기할 수 있게 한다.
3. 색깔 나무젓가락을 가지고 만든 다양한 쌓기 모양의 사진을 보여 준다.
4. 사진 모양대로 쌓아 보도록 유도한다.
5. 사진 모양대로 쌓아 보기를 마친 후 자신의 생각대로 창의적으로 쌓아 보도록 지도한다.

참고사항 쌓기놀이를 하던 중간에 젓가락이 떨어졌을 때 포기하지 않고 계속할 수 있도록 지도한다.

Chapter 4 역할놀이

역할놀이는 엄마·아빠놀이, 가게놀이, 미용실 놀이, 병원놀이, 소방관 놀이 등 유아교육기관에서 영유아들이 역할을 흉내 내는 놀이를 말한다.

교사가 유아의 역할놀이에 참여할 때 유아가 도움을 필요로 하는 경우에만 참여하는 것이 좋고 강요하는 것은 바람직하지 못하며 유아 스스로 설정한 놀이주제를 유지할 수 있도록 해야 한다. 또 한 가지 이상의 놀이기술을 지도하고자 하는 경우에는 너무 길게 개입하기보다는 짧게 중재하는 것이 바람직하다.

빨래놀이

● **활동목표** 1. 손빨래와 세탁기의 빨래과정을 알 수 있다.
2. 주어진 공간에서 빨래과정을 몸으로 표현하여 대근육 발달을 돕는다.

● **준비물** 융판, 세탁기 사진, 세탁과정 사진 자료, 세탁기 버튼, 역할머리띠(티셔츠, 양말, 바지, 물, 세제, 거품)

● **놀이방법**

1. 엄마의 빨래하는 모습을 본 것에 대해 이야기를 나누어 본다.
2. 세탁기가 없었던 때에 대한 이야기를 들려 준다.
3. 빨래과정을 그림을 통해 설명해 준다.
4. 빨래과정을 나와서 이야기해 보도록 유도한다.
5. 빨래과정을 역할을 정하여 놀이할 수 있도록 유도한다.

역할머리띠 (물, 세제, 거품, 티셔츠, 바지, 양말)

빨래하는 순서

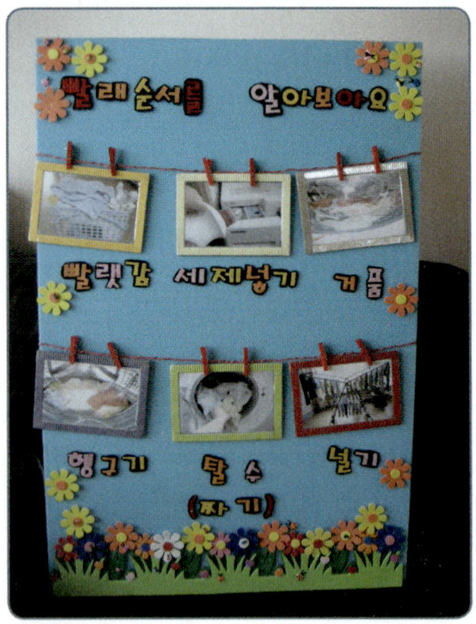

참고사항 빨래하는 사람이 꼭 엄마임을 교사는 강조하지는 않는다(양성평등교육).

샌드위치 가게놀이

● **활동목표**

1. 간단한 샌드위치를 만들 수 있다.
2. 음식물을 이용한 창작활동을 경험한다.
3. 샌드위치 가게 역할놀이를 하며 사회성 및 언어능력이 향상된다.

● **준비물** 식빵, 칼, 여러 종류의 잼과 버터, 마요네즈, 케첩, 건포도, 햄, 치즈, 상추, 삶은 달걀 등

● **놀이방법**

1. 준비된 재료들을 하나씩 구체적으로 탐색해 본다.
2. 식빵 위에 잼이나 버터를 바른다.
3. 바른 식빵 위에 다양한 재료를 얹어 예쁘고 맛있는 샌드위치를 만든다.
4. 샌드위치를 먹어 보고 느낌과 맛을 이야기해 본다.
5. 샌드위치 가게 역할놀이를 해 본다.
6. 역할놀이를 통해 재미있는 점과 어려운 점에 대해 이야기 나눈다.

참고사항 다양한 모양의 샌드위치 모양을 만들어 볼 수 있다.

병원놀이

● **활동목표**

1. 병의 종류에 따라 가야 하는 병원에 대해 안다.
2. 약국에서 하는 일에 대해 안다.
3. 의사, 간호사, 약사가 하는 일에 대해 안다.
4. 병원에 가서 접수하기와 진료를 받고, 약 처방을 받을 수 있다.
5. 친구들과 협력하여 역할극 놀이에 참여할 수 있다.

● **준비물**

1. 병원 : 병원 간판, 팻말, 건강보험증, 진료순서표, 진료작성카드, 처방전, 필기구, 의사 · 간호사 · 약사 가운 혹은 명찰, 반사경, 모자, X-ray판, 시력검사표, 수저, 청진기, 혈압계, 체온계, 주사기, 붕대, 연고
2. 약국 : 사탕, 초콜릿, 주스, 비타민C, 약통, 약그릇, 약봉지

● **놀이방법**

1. 병원에 가본 경험을 이야기한다.
   - 아파서 어린이집에 오지 못했던 적이 있었니?
   - 얼마나 어떻게 아팠니?
2. 〈병원놀이〉 동요 부르기를 한다.
   "여보세요 여보세요 배가 아파요.
   배아프고 열이 나니 어떡할까요.
   어느 어느 병원에 가야 할까요?
   여보세요, 여보세요, 나는 의사요
   배 아프고 열이 나면 빨리 오세요,
   여기는 소아과 병원입니다"
3. 아픈 곳에 따라 가야 하는 병원이 다르다는 것에 대해 이야기한다.
4. 병원놀이에 필요한 준비물을 소개한다.
5. 병원놀이가 끝난 후 재미있었던 일, 불편했던 점에 대해 이야기한다.
6. 병원은 무서운 곳이 아니며 아픈 곳을 치료하고 예방해 주는 곳임을 설명하며 마무리 한다.

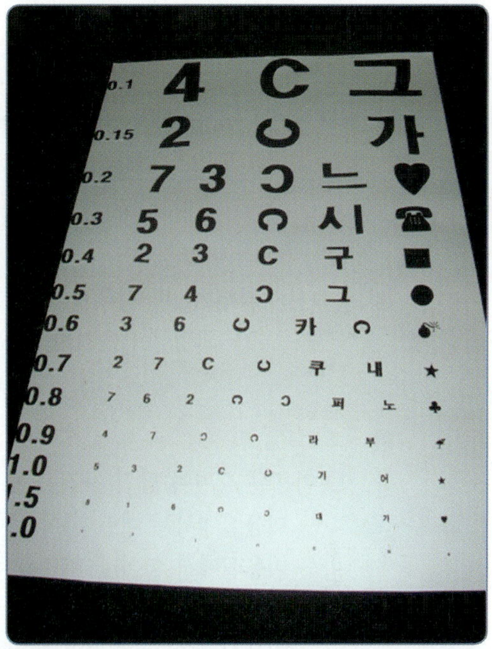

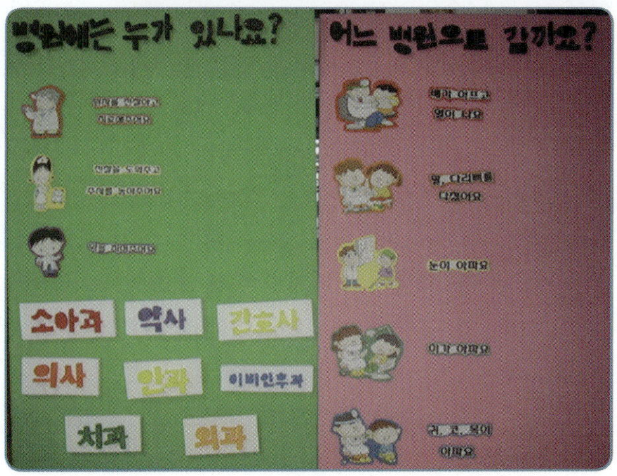

참고사항 시범 병원놀이 역할극을 해 볼 수 있다.

미용실 놀이

● **활동목표** 1. 미용실 놀이에 즐거움을 갖는다.
2. 손님이 되거나 미용사가 되는 경험을 할 수 있다.
3. 대상이나 상황에 맞는 적절한 언어 표현을 할 수 있다.

● **준비물** 분무기, 빈 샴푸병, 머리집게, 퍼머도구, 손님용 가운, 스펀지, 수건, 앞치마, 드라이기, 모형 돈, 손거울, 작업대, 머리보자기, 가위, 빗

● **놀이방법**

1. 미용실 장면이 담긴 사진을 보여 준다.
   - 미용실에서는 어떤 분이 일하시니?
   - 미용실에서 퍼머나 커트를 해 본 경험이 있니?
2. 미용실 놀이에 필요한 물건에 대해서 이야기를 나눈다.
   - 미용실 놀이를 하려면 어떤 물건이 필요할까?
     미용실 이름은 무엇으로 정할까?
   - 미용실에서는 어떤 종류의 머리 모양을 할 수 있을까?
3. 미용실 놀이를 하기 위해 역할을 정한다.
   - 미용실 놀이를 하기 위해서는 어떤 사람들이 있어야 할까?
   - 주인이 하는 일은 무엇일까?
   - 미용실에 오는 손님은 어떤 사람들일까?
5. 역할이 정해지면 미용실 놀이를 시작한다.
6. 활동을 마치고 놀이에 대해 평가를 해 본다.
   - 어떤 머리 모양을 많이 했니?
   - 미용실 놀이를 하면서 더 필요했던 것은 무엇이 있었니?

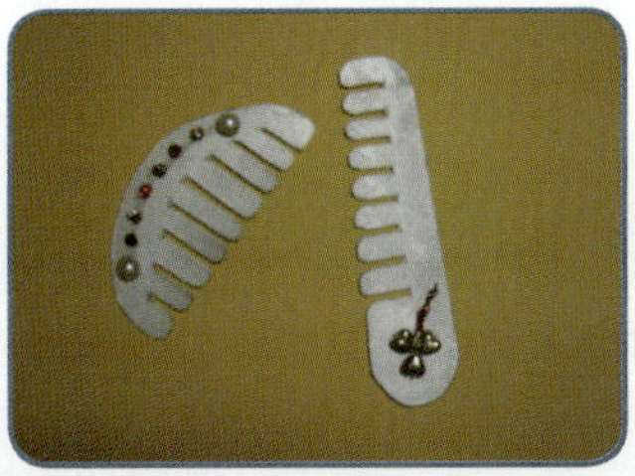

빗

가위

드라이기

머리싸개

도구함

앞치마

거울

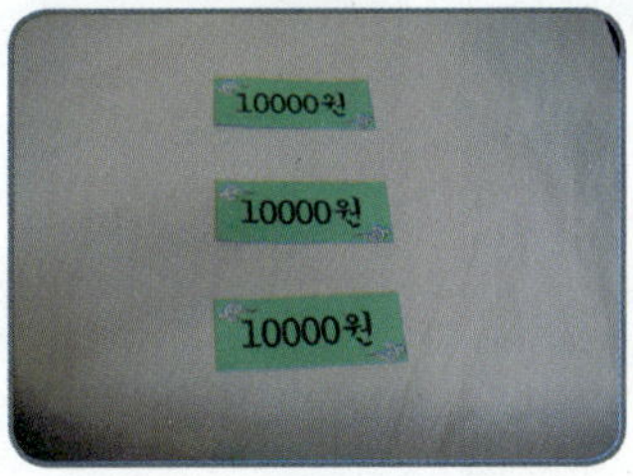

돈

참고사항 1. 필요한 물건과 소품들이 정해지면 유아들과 미술 영역에서 필요한 것들을 만든다.

2. 미용실 간판은 미술 영역에서 '간판 만들기'로 공동 작업할 수 있다.

3. 다양한 종류의 헤어스타일과 이름을 벽면에 게시한다.

네일아트 놀이

● **활동목표** 1. 봉숭아 꽃을 이용하여 손톱에 물을 들이며 네일아트 놀이를 할 수 있다.
2. 봉숭아 꽃 물들이는 과정을 경험하고 심미감을 발달시킨다.
3. 친구들과 함께 네일아트 놀이를 하며 사회성을 기를 수 있다.

● **준비물** 봉숭아 꽃잎, 흰 거즈, 방아, 방아통, 백반

● **놀이방법**

1. 봉숭아 꽃을 관찰하고 꽃의 특징, 색깔, 모양 등을 관찰한다.
2. 봉숭아 꽃 물들이기와 네일아트 놀이의 공통점과 차이점에 대해 이야기를 나눈다.
3. 방아통에 봉숭아 꽃과 잎을 넣고 찧는다.
4. 찧은 후에 변화를 관찰한다.
5. 유아의 손톱에 봉숭아 꽃물을 들여 본다.
6. 손님과 가게의 주인을 정해 물들여 주는 놀이를 역할놀이로 해본다.
7. 네일아트 놀이를 하며 어려운 점과 재미있었던 점에 대해 이야기를 나눈다.

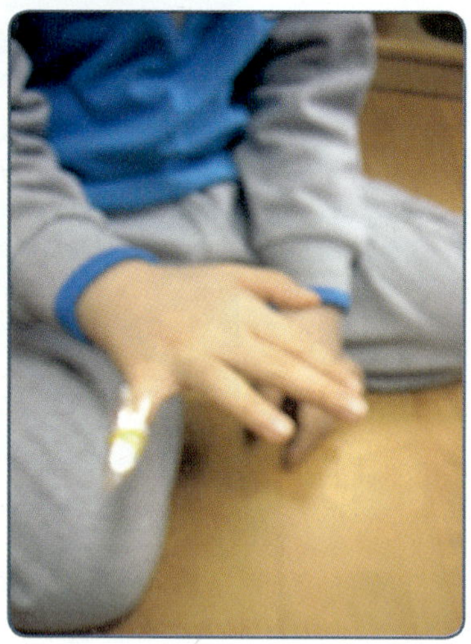

참고사항 시간이 오래 걸리거나 봉숭아 꽃을 구하기 어려운 시기에는 판매용 봉숭아 꽃잎즙을 이용하여 물을 들인다.

소방관 놀이

● **활동목표** 1. 소방관 놀이를 통해 다양한 역할을 경험해 볼 수 있다.
2. 소방관들이 하는 일을 배울 수 있다.

● **준비물** 소방차, 소화기, 소방관 의상

● **놀이방법**

1. 소방관 놀이를 하기 전에 소방서에서 하는 일을 배운다.
2. 소방차 및 소방관 의상 등 소방서 놀이에 필요한 도구들을 만들어 본다(가정통신문을 통해 협조를 얻을 수 있도록 한다).
3. 소방관들이 비상시에 출동하는 역할을 익혀 보도록 한다.
4. 비상시 출동할 때의 역할을 한 사람씩 또는 모둠별로 해 볼 수 있도록 한다.
5. 소방관 놀이를 통해 느낀 점에 대해 이야기 나누어 본다.

참고사항 소방훈련에 대해 이야기하고 비상시에 유아들의 역할에 대해 배울 수 있도록

Chapter 5 물 · 모래놀이

물 · 모래놀이는 물과 모래를 주재료로 하는 비구조적인 놀이로서 영유아가 자유롭게 자신을 표현할 수 있어 영유아들이 무척 좋아하는 놀이 중 하나이다.

영유아들은 물 · 모래놀이를 통해 첫째, 수학적 개념과 과학적 지식을 습득할 수 있고 둘째, 창의력과 문제 해결력이 촉진된다. 셋째, 언어발달의 촉진을 도우며 넷째, 정서발달이 이루어진다. 다섯째, 사회성 발달이 이루어지며 여섯째, 신체발달을 돕고 일곱째, 치료적 가치가 있다.

색모래와 석채가루 놀이

● **활동목표** 1. 모래와 석채가루의 성질을 배운다.
2. 가루를 이용하여 표현할 줄 안다.

● **준비물** 도화지, 색모래, 석채가루, 딱풀, 연필, 색연필, 지우개

● **놀이방법**

1. 색모래와 석채가루를 탐색하고 어디서 어떻게 생겨난 것인지 알아본다(석채가루는 돌멩이를 곱게 갈아 색을 입힌 것이다).
2. 어린 연령의 경우 도화지 위에 풀을 자유롭게 칠한 다음 색모래, 석채가루 등을 각각 뿌린 후 털어 본다.
3. 도화지 위에 연필로 밑그림을 그린 후 색모래로 할 부분과 석채가루로 할 부분들을 구분해서 색모래 또는 석채가루를 뿌려 본다.

참고사항 밑그림은 크고 간단하게 그리도록 지도한다. 색모래와 석채가루에 도배용 풀을 섞어서 마분지 위에 직접 칠해서 이용할 수도 있다.

물놀이(삼원색과 친구들)

● **활동목표** 1. 두 가지 색이 만나 다른 색이 되는 것을 알 수 있다.
2. 색을 만들어 보면서 색의 이름에 관심을 가지게 된다.
3. 모두 참여하게 해서 자신감을 갖게 한다.

● **준비물** 붓, 팔레트, 리본이 달린 물이 담긴 병, 큰 종이 위에 예쁜 그림을 그린 것

● **놀이방법**

1. 삼원색을 기본으로 준비하고 또 다른 여러 가지 색도 준비한다.
2. 무지개 색에 대해 알아본다.
3. 둘 이상의 색이 만나 다른 색이 만들어지는 것을 관찰한다.
4. 내가 좋아하는 색을 칠해 봄으로써 색의 아름다움을 느끼게 해 본다.

참고사항 색을 변화시키며 요술놀이로도 활용할 수 있다.

비누거품 놀이

● **활동목표** 1. 거품의 성질을 안다.
2. 모양의 변화를 경험하고 새로운 모양을 만들 수 있다.

● **준비물** 도화지, 신문지, 작업복, 그릇, 물비누, 글리세린, 거품기, 물, 물감(색소)

● **놀이방법**

1. 그릇에 물비누, 글리세린 물을 넣고 거품기로 충분히 잘 젓는다.
2. 물비누 희석액을 몇 개의 그릇에 나누어 담고 여러 색의 물감이나 식용색소를 넣고 잘 저어서 여러 가지 색의 비누거품을 만든다.
3. 비누거품을 손에 묻혀 그림을 그리거나 비누거품을 도화지로 찍어 내어 그림을 만든다.

참고사항 비누거품이 옷에 묻을 경우 잘 지워지지 않으므로 작업복이나 앞치마를 착용하고 작업 책상에는 신문지나 비닐을 씌운다.

모래로 케이크 만들기

● **활동목표** 1. 모래에 물을 부었을 때 변화하는 모래를 탐색할 수 있다.
2. 정서적 편안함을 경험할 수 있다.

● **준비물** 모래, 나뭇가지, 꽃잎, 나뭇잎

● **놀이방법**

1. 모래를 컵 또는 다양한 도구에 담는다.
2. 모래에 물을 부어 모래를 단단하게 만든다.
   - 모래에 물을 부으니 어떻게 변했니?
3. 모래컵 위에 자연물을 이용하여 케이크를 만든다.
   - 촛불은 어떻게 표현할 수 있을까?
   - 나뭇잎 또는 나뭇가지는 어떻게 이용할 수 있을까?
4. 생일축하 노래를 부른다.

물풍선 던지기 놀이

● **활동목표** 1. 힘의 세기에 대해 배울 수 있고 힘 조절을 할 수 있다.
2. 몸의 균형감각을 익힐 수 있다.

● **준비물** 물풍선, 물, 바구니

● **놀이방법**

1. 물풍선 목표대를 세운다.
2. 물풍선을 수도꼭지에 꽂아 물을 담은 후 매듭을 지어 물풍선을 만든다.
3. 물풍선 목표대에 들어갈 유아를 정한다.
4. 만든 물풍선을 모아 놓고 3m 정도 앞에 목표대를 놓는다.
5. 물풍선을 터지지 않게 하여 바구니 안에 넣는다.
6. 한 사람씩 나와 목표대를 향해 물풍선을 던진다.

참고사항 야외에서 실시한다. 여름캠프에 활용하면 좋다. 던지는 요령이나 물이 옷에 묻을 수 있는 사항에 대해 먼저 이야기를 하여 당황해하지 않도록 한다.

체를 이용하여 굵은 모래 받아 보기

● **활동목표** 1. 눈과 손의 협응력을 기를 수 있다.
2. 체의 굵기에 따라 나오는 모래가 다르다는 것을 알 수 있다.

● **준비물** 여러 종류의 체, 모래를 담을 수 있는 여러 개의 그릇

● **놀이방법**

1. 여러 종류의 체를 제시하여 무엇을 할 것인지 이야기 나눈다.
2. 각 굵기의 체에 모래를 넣어 관찰해 본다.
3. 큰 그릇에 체로 쳐서 나오는 모래를 받아 본다.
4. 체의 구멍에 따라 나오는 모래가 어떤지 살펴본다.
5. 각 그릇에 받혀진 모래를 손으로 만져 보고 느낌이 어떤지 비교해 본다.

참고사항 모래를 현미경이나 돋보기로 관찰해 볼 수 있다.

모래로 모양 찍기

● **활동목표** 1. 모래의 질감을 느껴 볼 수 있다.
2. 모래를 이용하여 다양한 모양을 찍고 관찰해 볼 수 있다.
3. 찍힌 모양을 보며 성취감을 느낄 수 있다.

● **준비물** 모래를 찍을 수 있는 다양한 모양도구, 모래, 물

● **놀이방법**

1. 모래를 만져 보며 어떤 느낌이 드는지 이야기 나눈다.
2. 다양한 도구를 보여 주며 어떤 모양이 나올 수 있는지 이야기 나누거나 도화지 위에 표현해 보도록 한다.
3. 모래놀이장에서 다양한 도구를 제시한다.
4. 완성된 모양을 살펴본다.

참고사항 물을 부어서 모래찍기 놀이를 할 수 있다.
신체를 이용하여 찍기놀이를 할 수도 있다.

Chapter 6 점토놀이

점토놀이는 찰흙(자연점토), 고무(고무점토), 밀가루(밀가루 점토), 지점토 등을 가지고 누르고, 밀고 당기며 점토의 특징을 이용하여 다양한 조형물을 만드는 놀이이다.

점토놀이를 통해 영유아들은 다양한 개념을 학습하며 인지발달을 돕고 창의성이 발달되며 사회성 및 정서발달을 돕는다. 또한 두드리고 당기며 영유아들의 소근육 발달을 도울 수 있다.

점토 목걸이 만들기 놀이

● **활동목표** 1. 지점토의 성질을 이해하여 다양한 액세서리를 만들 수 있다.
2. 눈과 손의 협응력을 키운다.
3. 미적 감각을 발달시킨다.

● **준비물** 지점토, 송곳, 못, 빨대, 신문지, 물감, 붓, 투명 래커 등

● **놀이방법**

1. 지점토를 구슬만큼 떼어 손바닥을 굴려 둥근 구슬을 만든다.
2. 마르기 전에 빨대로 가운데 구멍을 뚫는다.
3. 그늘에서 말린 다음 여러 가지 물감으로 색칠한다.
4. 마른 후 신문지 위에 올려 놓고 투명 래커를 뿌린다.
5. 예쁜 줄에 꿰어 팔찌나 목걸이로 만들어 장식한다.

참고사항 유아들이 어릴 경우 색깔 찰흙을 사용하면 쉽게 할 수 있다.
어버이날 선물로 만들면 좋다.

얼굴 모습 꾸미기

● **활동목표** 1. 점토를 이용하여 내 모습을 표현해 본다.
2. 점토놀이를 통해 소근육 운동을 한다.
3. 점토놀이를 동해 색 배합을 알게 한다.

● **준비물** 색깔 점토, 빵칼 및 밀대, 모양틀, 거울

● **놀이방법**

1. 오물조물 박수 치기를 한다(점토놀이를 위한 손풀기를 한다).
2. 〈사과 같은 내 얼굴〉 노래를 부른다.
   "사과 같은 내 얼굴 예쁘기도 하지요 눈도 반짝 코도반짝 입도 반짝반짝
   호박 같은 내 얼굴 둥글기도 하지요 눈도 둥글 코도 둥글 입도 둥글둥글
   오이 같은 내 얼굴 길기도 하지요 눈도 길쭉 코도 길쭉 입도 길쭉길쭉"
3. 교사가 거울을 보여 주고 자신의 얼굴을 보게 한 후 이야기하게 한다.
   – 나는 어떻게 생겼니?
   – 친구하고 어떻게 다르게 생겼니?
4. 점토를 나눠 주고 만져 보고 촉감을 이야기하게 한다.
   – 느낌이 어떠니?
5. 색깔을 배합한 후 색깔의 변화를 이야기하게 한다.
   – 어떤 색깔로 변했니?

6. 점토를 모양틀에 넣어 모양을 만들어 보고 모양을 이야기하게 한다.
7. 점토로 내 모습을 꾸며 보게 한다(점토로 얼굴을 꾸미고 손과 발 및 내 몸을 꾸미게 한다).
8. 다 꾸민 내 모습과 친구들의 모습을 보고 느낌에 대해 이야기 나누게 한다.
9. 작품이 잘 마르도록 보관하고 마무리한다.

눈사람 만들기

● **활동목표** 1. 대 · 소근육의 발달을 돕는다.
2. 창의적 경험의 기회를 제공한다.

● **준비물** 다양한 색 점토, 밀가루 점토, 눈알, 신문

● **놀이방법**

1. 〈멋진 눈사람〉 노래와 함께 율동을 한다.
   "눈을 굴려서 눈을 굴려서 눈사람을 만들자
   눈을 굴려서 눈을 굴려서 눈사람을 만들자
   눈썹 눈 코 입 예쁜 얼굴이 됐네
   모자 안경 외투 장갑 멋진 눈사람이 됐네"
2. 노래에서 눈, 코, 입, 안경 등이 나온 것에 대해 이야기를 나눈다.
3. 가지고 있는 재료로 무엇을 만들 수 있을지 이야기를 나눈다(예 : 눈사람, 풍선, 등).
   – 이 재료로 무엇을 만들 수 있을까?
   – 어떻게 만들 수 있을까?
4. 점토의 느낌에 대해 이야기 나누고 다양한 눈사람의 모양을 만들도록 유도한다.
5. 빨대나 신문지 등을 이용하여 개성 있는 눈사람을 표현하도록 돕는다.

참고사항 각 유아의 작품을 모아 전시한다. 유아들에게 자신의 작품을 소개할 시간을 가져 본다.

점토를 이용한 낚시놀이

- **활동목표** 1. 바다 생물에 대해 알 수 있다.
  2. 낚시놀이를 통해 조절력을 키울 수 있다.

- **준비물** 색밀가루, 점토, 낚싯대, 자석 등

- **놀이방법**

1. 색깔 점토를 관찰한다.
2. 바다와 바다 생물에 대해 이야기를 나눈다.
   – 바다에는 어떤 것들이 살까?
3. 준비한 재료를 이용하여 다양한 물고기들을 만들어 본다.
4. 바닷가를 꾸며 본다.
5. 물고기들을 적당히 배치하고 낚싯대를 이용하여 낚시놀이를 한다.

석고 찍어 내기 놀이

● **활동목표** 1. 밀가루 점토와 다른 석고에 대해 탐색한다.
2. 물질의 변화과정을 이해한다.
3. 소근육을 발달시킨다.

● **준비물** 석고가루, 스티로폼이나 은박지로 된 일회용 용기, 석고가루와 물을 섞을 용기, 석고를 뜰 물건들, 물비누 풀 그릇, 샌드페이퍼, 본드, 칼 등

● **놀이방법**

1. 석고를 부을 그릇과 석고를 뜰 물체에 붓으로 물비누를 발라 준다.
2. 물과 석고가루를 잘 섞어서 그릇에 붓는다.
3. 석고 액이 약간 굳어 갈 때쯤 물비누를 칠한 물체를 올려 놓았다가 석고가 거의 굳으면 물체를 떼어낸다.
4. 석고가 완전히 굳으면 석고 뜨기 한 그릇을 잘라 석고를 떼어낸다.
5. 굳어진 석고 덩어리 겉면을 샌드페이퍼로 다듬는다.
6. 여러 가지 색이 물감을 색칠힌다.
7. 완성된 석고 작품을 벽에 걸어 장식한다.

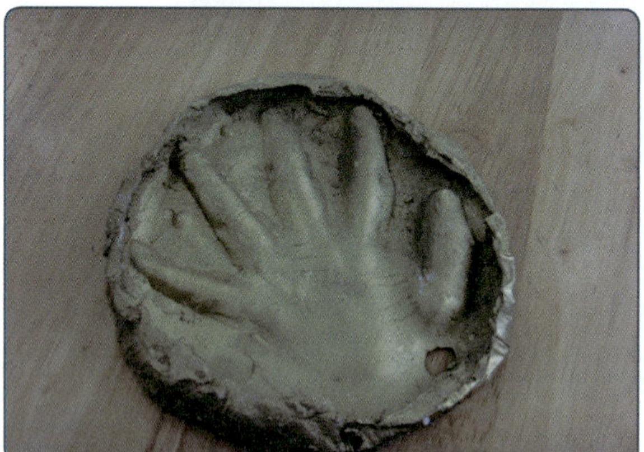

참고사항 스티로폼이나 은박 일회용기는 물비누를 칠하지 않아도 된다.

도자기 만들기

● **활동목표** 1. 다양한 모양의 도자기들에 대해 배울 수 있다.
2. 소근육을 발달시킨다.
3. 눈과 손의 협응력을 키운다.

● **준비물** 찰흙, 찰흙판, 찰흙칼, 찰흙도구

● **놀이방법**

1. 우리나라의 도자기에 대해 제시된 도자기 또는 도자기 그림을 보며 이야기를 나눈다.
2. 도자기 만드는 방법에 대해 이야기 나눈다.
3. 찰흙이라는 재료에 대해 이야기 나누며 재료의 성질 및 어떤 모양을 만들 수 있는지에 대해 이야기한다.
4. 다양한 도자기 모양을 만들어 본다(준비된 캔을 이용하여 도자기를 만들 수도 있다).
5. 한국적인 멋이 날 수 있도록 도자기에 그림을 새겨 본다.
6. 활동 후 작품들을 전시해 감상한다.

참고사항 찰흙도구의 쓰임새와 모양에 대해 충분히 탐색한 후, 다양한 모양으로 도자기를 꾸며 볼 수 있도록 격려한다.

토끼 점토놀이

● **활동목표** 1. 각 동물의 특징과 관련된 정보에 대해 알고 표현할 줄 안다.
2. 지점토의 성질에 대해 알 수 있다.
3. 소근육을 발달시킨다.

● **준비물** 색지, 사인펜, 점토, 점토판, 칼, 가위, 빨대 등

● **놀이방법**

1. 사전에 유아가 알고 있는 토끼를 그림으로 그려 보게 한 후 교실 한 쪽 벽에 전시해 준다.
2. 토끼에 관한 사진, 책, 민화, 엽서 등을 놓고 전시된 자료들을 관찰한 느낌에 대해 이야기 해 본다.
3. 토끼에 관한 비디오 관람을 통해 토끼의 모습과 움직임, 울음소리 등을 알아본다.
4. 점토로 토끼를 구성해 본다.
5. 준비된 자료를 살펴보고 어떤 토끼를 만들 것인지 결정한다.
6. 점토로 토기를 만든다.
7. 완성된 작품에 이름을 쓰고 작품에 대해 설명한다.
8. 작품을 전시대에 올려놓고 서로의 작품을 감상한다.

고무신 점토놀이

● **활동목표** 1. 형태 및 공간개념을 발달시킨다.
2. 눈과 손의 협응력 및 소근육 발달을 돕는다.

● **준비물** 고무신, 점핑클레이 또는 아이클레이, 아크릴 물감

● **놀이방법**

1. 고무신은 무엇으로 만들어졌고 모양은 어떠하며 주로 언제 신는지에 이야기한다.
2. 점토, 찰흙, 점핑클레이의 재료의 특색에 대해 유아에게 설명한다.
3. 오늘은 점핑클레이로 고무신을 만들어 보도록 한다.
4. 다 만든 고무신을 말린다.
5. 마른 고무신에 아크릴 물감을 칠한 후 다시 말린다.

참고사항 지점토 외에 다양한 재료를 알 수 있도록 한다. 고무신을 창의적으로 다양하게 만들 수 있도록 돕는다.

Chapter 7

게임놀이

게임놀이는 2명 이상의 영유아가 규칙과 경쟁을 하는 놀이이다. 게임놀이는 규칙과 경쟁이 있으므로 영아보다는 유아에게 적합한 놀이이다. 게임놀이로는 숨바꼭질, 판게임 놀이, 윷놀이 등 두 명 이상으로 구성되는 모든 놀이가 이에 포함된다. 게임의 종류는 다음과 같다.

① 원게임

원게임은 유아들이 둥글게 앉아서 진행되는 게임이다. 원게임을 통해 집단에 대한 소속감과 규칙을 이해하는 경험을 할 수 있다. 승패를 가리지 않아 유아들이 성취감을 느끼며 자신감을 형성할 수 있는 것이 원게임의 특징이다. 학기 초에 실시하며 처음에는 규칙이 단순한 것부터 시작하는 것이 바람직하다.

② 자유대형게임

자유대형게임은 넓은 공간에서 자유롭게 서서 진행되는 게임이다. 게임이 시작되기 전에 앉은 상태에서 게임의 규칙이나 방법에 대해 이야기 나눈 후 활동을 진행하는 것이 바람직하다. 자유대형게임에는 짝짓기, 모양 찾기, 신체 마주대기 등이 있다.

③ 개별 편게임

편게임은 두 팀으로 나누어 게임을 하는 것으로 원게임이나 자유대형게임에 비해 게임에 필요한 지시와 규칙이 많은 편이다. 두 팀으로 나누어 각 팀에서 한 명씩 나와 게임을 한 후 매번 승패를 정하는 것이다. 개별 편게임은 릴레이 편게임보다는 천천히 진행되며 규칙이 비교적 단순하다.

④ 릴레이 편게임

유아들을 두 편으로 나누어 각 편에서 한 명씩 출발하기는 하나 다음 유아가 출발선에서 미리 대기했다가 연속적으로 출발하는 게임이다. 릴레이 편게임은 규칙이 다소 복잡하고 경쟁적인 면이 있어 연령이 높은 유아들이 즐기는 게임이다.

공 위로 던지기 게임

● **활동목표** 1. 규칙을 지켜 활동할 수 있다.
2. 신체의 균형감각을 증진시킨다.
3. 친구들과의 협동력을 기른다.

● **준비물** 큰 공, 작은 공

● **놀이방법**

1. 큰 공과 작은 공을 보면서 게임방법을 생각해 본다.
   - 공을 떨어뜨리지 않고 운반할 수 있는 방법은 무엇일까?
   - 공이 땅에 떨어지지 않도록 하려면 어떻게 움직여야 할까?
2. 두 팀으로 나누고 각 팀의 인원이 같도록 한다.
3. 작은 공을 유아들의 머리 위로 올린 후 꼭 잡고 뒤의 유아에게 전달하도록 한다.
4. 각 팀의 마지막에 서 있는 유아에게까지 공이 오면 마지막 유아는 공을 가지고 뛰어 앞으로 와서 교사에게 공을 전달한다.
5. 먼저 도착하는 팀이 이긴다.
6. 작은 공으로 잘 이루어지면 큰 공을 가지고 같은 방법으로 놀이를 계속한다.

참고사항 대근육실 또는 실외에서 이루어질 때 더 동적인 놀이가 될 수 있다.

거북이처럼 기어 터널 통과하기

● **활동목표** 1. 신체 기본 동작을 활용하여 동물을 흉내 낼 수 있다.
2. 온몸을 활용하여 대근육 발달을 도울 수 있다.

● **준비물** 터널

● **놀이방법**

1. 활동 전에 동물의 다양한 움직임을 볼 수 있는 시청각 매체 또는 책을 볼 수 있도록 한다.
2. 거북이처럼 기어 보기를 제안한다.
   - 책에서 거북이를 보았지요?
   - 어떤 모습으로 움직였나요?
3. 모습을 흉내 내며 기어 보도록 한다.
4. 동물을 흉내 낸 느낌에 대해 표현해 보도록 한다.
5. 두 팀으로 나누어 게임놀이를 진행한다.
6. 시작을 울리고 먼저 들어오는 팀이 이긴다.

징검다리 건너기

● **활동목표** 1. 대근육을 발달시킨다.
2. 몸의 균형 및 집중력을 키울 수 있다.
3. 협동심을 기를 수 있다.

● **준비물** 징검다리, 호루라기

● **놀이방법**

1. 다리를 건너거나 굴을 지나거나 보통 길과는 다른 길을 건너갔던 때에 대해 이야기를 나눈다.
   - 다리를 건너가 본 적 있니?
   - 굴을 지날 때 어떤 기분이었니?
2. 징검다리를 보여 주며 이야기를 나누어 본다.
   - 어떻게 건너갈 수 있을까?
3. 건너갈 수 있는 다양한 방법에 대해 이야기 나눈다.
   - 기어갈 수 있을까?
   - 뛰어갈 수 있을까?
   - 손을 흔들며 걸어갈 수 있을까?
4. 다양한 방법을 교사가 시범을 보여 주거나 유아들이 나와서 해 볼 수 있도록 한다.
5. 유아들이 한 번씩 해 보고 나면 팀을 나누어 게임을 할 수 있다.
6. 놀이를 마친 후 어떤 방법으로 건너가는 것이 재미있었는지? 또는 어떤 방법이 가장 어려웠는지 이야기 나누어 본다.

우리 집에 왜 왔니? 왜 왔니?

● **활동목표** 1. 대근육을 발달시킨다.
2. 협동심과 즐거움을 느낀다.

● **준비물** 없음

● **놀이방법**

1. 두 팀으로 나눈다.
2. 손에 손을 잡고 두 팀이 마주 본다.
3. 한 팀이 먼저 "우리집에 왜 왔니? 왜왔니?"라고 외치며 상대편 팀으로 움직인다.
4. 상대편은 "꽃 찾으러 왔단다, 왔단다"라고 외치며 상대편 팀으로 움직인다.
5. 또 상대편 팀은 "무슨 꽃을 찾으러 왔느냐, 왔느냐"라고 외치며 상대편 팀으로 움직인다.
6. 상대편 팀에선 다른 상대편팀에서 찾을 꽃의 이름, 즉 친구의 이름을 외치며 움직인다.
7. 호명된 친구와 호명한 친구는 서로 가위, 바위, 보를 한다.
8. 진 친구는 이긴 팀의 팀으로 이동한다.
9. 위와 같은 방법으로 계속 놀이한다.

춤추며 포스트잇 떼어 내기

● **활동목표** 1. 신체활동을 하며 대근육을 발달시킨다.
2. 규칙을 지키고 팀원끼리 협동심을 기르며 게임을 할 수 있다.
3. 춤을 추면서 놀이의 즐거움을 느낀다.

● **준비물** 고깔모자(춤을 추는 아이와 각 팀 구별용 두 종류), 음악(신나는 음악 여러 종류), 점수판(자신의 팀의 점수를 알 수 있도록 큰 도화지로 준비한다)

● **놀이방법**

1. 두 팀으로 나누고 팀명을 정한다.
2. 순서를 정하여 선다.
3. 상대편의 옷에 포스트잇을 붙여 준다.
4. 교사의 호루라기 소리에 맞춰 음악이 시작되고 아이들은 각자 춤을 추고 몸을 흔들며 몸에 붙어 있는 포스트잇을 떼어 낸다.
5. 음악이 끝나면 각자 몇 개의 포스트 잇을 떨어뜨렸는지 모두 같이 확인한다.
6. 떨어진 포스트잇은 각자의 점수판에 붙인다.
7. 점수판에 포스트잇의 개수가 많은 팀이 승리한다.

가마 타고 훌라후프 반환점 돌기

● **활동목표** 1. 민첩성을 기른다.
2. 협동심을 기른다.

● **준비물** 훌라후프

● **놀이방법**

1. 부모님과 함께 두 팀을 나누고 팀명을 정한다.
2. 부모님은 손과 팔을 이용하여 가마를 만들고 유아를 태운다.
3. 반환점을 정하고 반환점을 돌아와서 다음 팀에게 연결하는 규칙에 대해 설명한다.
4. 모든 팀원이 먼저 훌라후프 반환점을 돌아오면 그 팀이 이긴다.

참고사항 어른이 함께 참여하는 부모참여수업 또는 운동회를 할 때 이루어지면 바람직하다.

사탕 먹기

● **활동목표** 놀이의 규칙에 대해 배울 수 있다.

● **준비물** 접시, 사탕

● **놀이방법**

1. 두 팀으로 나눈다.
2. 팀 이름을 유아들 스스로 정하도록 한다.
   - 우리 팀 이름은 무엇으로 할까?
   - 팀의 구호도 만들어 볼까?
3. 교사는 규칙에 대해 이야기한다.
   - 손으로 먹지 않기
   - 사탕을 한 개 먹고 돌아오기
4. 각 팀에서 한 명씩 나온다.
5. 정해진 규칙에 따라 활동을 마친 후 먼저 들어온 유아가 이긴다.
6. 같은 방법으로 계속한다.

오목 바둑놀이

● **활동목표** 1. 손바닥, 손가락을 이용해서 공기돌을 잡을 수 있다.
2. 눈과 손의 협응력을 키운다.
3. 구성 및 수에 대해 알 수 있다.
4. 인내심을 기른다.

● **준비물** 바둑놀잇감

● **놀이방법**

1. 바둑놀이에 대해 이야기한다.
2. 놀이할 두 명의 유아를 정한다.
3. 어떤 바둑알을 선택할지 정한다.
   - 어떤 색 바둑알을 선택할까?
   - 흰색 바둑알은 누가 할까?
   - 또 검정색 바둑알은 누가 할까?
4. 오목 두기에 대해 설명한다.
5. 가로, 세로, 대각선 어떤 방향으로도 바둑알이 다섯 개가 한 줄로 이루어지면 이기는 것을 설명한다.

손수건 돌리기 게임

● **활동목표** 1. 대 · 소근육이 발달한다.
2. 협동심을 기른다.
3. 리듬감을 기른다.

● **준비물** 작은 막대 또는 손수건, 음악 CD

● **놀이방법**

1. 여러 명의 유아들이 작은 막대 또는 손수건을 들고 원형으로 앉는다.
2. 유아들이 좋아하는 노래를 들으며 옆에 있는 친구에게 작은 막대 또는 손수건을 전달한다.
   - 무슨 노래를 들으며 손수건을 돌릴까?
   - 옆에 어떤 친구가 있는지 확인해 보자
   - 손수건을 떨러뜨리지 않으려면 어떻게 해야 할까?
3. 노래의 속도에 따라 손수건을 빠르게 느리게 돌린다.
4. 손수건 돌리기가 익숙해지면 술래를 뽑아 술래가 손수건을 감추고 동그랗게 앉아 있는 유아들의 뒤로 돌면서 한 유아를 선택하여 그 유아가 모르게 손수건을 살짝 놓고 걷거나 달려간다.
5. 손수건이 자기에게 있는 것을 안 유아는 그 손수건을 가지고 달린다. 자기에게 손수건을 놓은 유아를 잡으면 그 유아는 다시 술래가 된다. 그렇지 않으면 후에 손수건을 잡은 유아가 술래가 된다.
6. 반복하여 손수건 돌리기 놀이를 한다.

참고사항 술래가 뒤로 손수건을 돌릴 때 뒤를 보거나 다른 친구에게 이야기를 건네지 않도록 하여 규칙을 지키도록 지도한다.

Chapter 8 조형놀이

조형놀이는 영유아들이 그리고, 찢고, 칠하고, 자르기도 하고 붙이기도 하는 미술활동을 통해 이루어지는 놀이를 말한다.

조형놀이 시 바람직한 교사의 역할은 유아들에게 제공할 자료를 계획적으로 수집하여 제시하는 것이다. 또 유아에게 제공할 적절한 수준의 자료 내용을 선정할 수 있어야 한다. 유아의 작품을 전시할 경우에 감상을 즐기고 싶은 느낌이 들 수 있도록 유아의 눈높이에 맞게 전시하고, 시각적으로 배경이나 작품이 돋보이도록 고려하여 환경을 구성할 수 있어야 한다(오연주 외, 2007).

구슬 무늬 티셔츠 염색놀이

● **활동목표**
1. 염색의 성질과 변화에 대해 안다.
2. 옷을 염색하여 입어 봄으로써 심미감을 갖는다.
3. 조형놀이의 즐거움을 경험한다.

● **준비물** 흰색 티셔츠, 염색 물감, 큰 그릇, 구슬, 고무 밴드

● **놀이방법**

1. 우리들이 입는 옷의 색깔과 무늬에 대해 이야기 나눈다.
2. 티셔츠에 어떤 무늬로 염색할 것인지를 생각해 본다.
3. 티셔츠를 펴놓고 구슬을 이용하여 어떤 모양으로 꾸밀지 이야기 나눈다.
4. 고무 밴드를 이용하여 구슬을 8~10개 정도 티셔츠에 매단다.
5. 뜨거운 물에 염색 물감을 넣고 잘 흔든 후 구슬을 맨 티셔츠를 넣는다.
6. 4~5시간 후 잘 빨아 헹군 후 말린다.
7. 완성된 티셔츠를 입어 보고 그 느낌에 대해 서로 이야기 나눈다.

참고사항 뜨거운 물을 조심하도록 알려 준다. 염색 물감이 옷에 골고루 스미도록 자주 뒤적여 준다(안전에 유의하여 유아들이 돌아가며 뒤적일 수 있도록 한다). 유치원 또는 어린이집의 캠프 프로그램으로 활용하면 좋다.

롤러 판화

● **활동목표** 1. 롤러 도구에 대해 배울 수 있다.
2. 다양한 재료를 이용하여 구르는 모습을 표현할 수 있다.
3. 도구를 이용하여 재미를 경험할 수 있고 작품을 감상할 수 있다.

● **준비물** 롤러, 캔이나 호일 속대, 복사지, 물감, 실, 일회용 접시, 붓, 물통, 신문지

● **놀이방법**

1. 판화를 찍어 보았던 경험에 대해 이야기 나눈다.
2. 신문지를 깔고 일회용 접시에 물감을 타 놓는다.
3. 롤러에 실을 감고 물감을 묻혀 굴려 본다.
4. 롤러에 종이를 오려 붙이고 물감을 묻혀 굴려 본다.
5. 캔이나 호일 속대에 종이를 오려 붙이고 물감을 묻혀 굴려 본다.
6. 꾸민 것에 대해 서로 다른 점과 같은 점을 이야기한다.

참고사항 비교적 단순한 형태를 오려 붙이게 하고 여러 가지 방법으로 다양하게 찍어 나타내게 한다.

빨래집게를 이용한 자동차 만들기

● **활동목표** 1. 자동차의 구조를 이해한다.
2. 다양한 도구를 사용하여 창의적으로 표현할 수 있다.

● **준비물** 투명 코팅지, 가위, 빨래집게, 빨대, 플라스틱 뚜껑(음료수 병), 그리기 도구(유성용)

● **놀이방법**

1. 투명 코팅지에 네임펜이나 유성 매직으로 자동차 모양을 그린 후 오린다(어린 연령의 유아들은 교사가 자동차 모양의 코팅 필름을 제시할 수 있다).
2. 자동차 만든 것을 빨래집게로 집는다.
3. 플라스틱 뚜껑을 송곳으로 뚫어 빨대를 끼운다.
4. 빨래집게 아래쪽의 구멍난 곳에 바퀴를 끼워 완성한다.
5. 블록 영역에서 직접 놀이해 본다.

우산 별자리 꾸미기

● **활동목표** 1. 우산을 이용하여 꾸미기를 할 수 있다.
2. 별자리에 대해 관심을 갖고 표현할 수 있다.
3. 조형놀이 활동을 통해 재미를 경험한다.

● **준비물** 헌 우산, 별 스티커, 그리기 도구, 컬러 시트지, 가위

● **놀이방법**

1. 별자리에 대해 배우고 이야기 나눈다.
2. 우산을 보여 주며 어떤 방법으로 꾸밀 수 있을지 이야기 나눈다.
3. 우산 안을 까맣게 만든다.
4. 우산에 별 스티커나 컬러 시트지, 그리기 도구 등을 이용하여 별자리를 그려 넣는다.
5. 모빌처럼 잘 볼 수 있도록 매달아 전시한다.

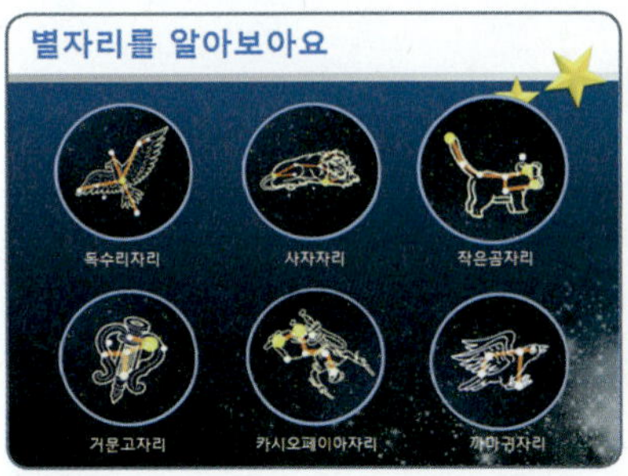

참고사항 사전에 별자리와 관련된 책이나 자료를 가져오도록 한다. 유아들이 만든 별자리 우산을 보며 별자리 유래에 대해 이야기 나눌 수 있다.

우주 행성 모빌 만들기

● **활동목표** 1. 각 행성의 특징을 안다.
2. 상상력과 창의력을 발달시킨다.

● **준비물** 지구본, 사용하지 않는 CD, 네임펜, 낚싯줄, 접착제, 포장지, 시트지, 스티로폼 공

● **놀이방법**

1. 지구(지구본을 이용하여)와 여러 행성에 대해 이야기 나눈다.
2. CD를 탐색하고 스티로폼 공을 넣어 어떻게 꾸밀지 구체적으로 생각해 본다.
3. 여러 가지 색의 네임펜을 이용하여 CD를 장식한다.
4. 완성된 우주 행성을 낚싯줄을 이용해 모빌로 단다.

바퀴 무늬 찍기 놀이

● **활동목표** 1. 여러 가지 차의 바퀴 모양을 탐색하는 경험을 갖는다.
2. 바퀴 무늬를 따라 그려지는 선의 모양에 대해 관심을 가질 수 있다.
3. 조형활동을 통해 심미감을 경험한다.

● **준비물** 다양한 종류의 장난감 자동차, 전지, 물감도구, 자동차에 관련된 책 · 사진 · 화보 · 비디오 등의 자료, 크레파스, 유성 매직 등

● **놀이방법**

1. 자동차의 모양과 하는 일에 대해 이야기 나눈다.
2. 자동차의 움직이는 원리(바퀴의 원리)에 대해 이야기 나눈다.
3. 바퀴를 돌려 보며 바퀴 무늬를 관찰한다.
4. 여러 종류의 장난감 자동차 바퀴에 물감을 칠한다.
5. 전지 위에 물감을 칠한 자동차들을 굴려 보며 여러 가지 모양을 만들어 본다.
6. 전지에 그려진 모양에서 연상되는 것을 유성 매직이나 크레파스로 더 꾸민다.
7. 완성품을 보면서 바퀴의 모양, 굵기에 따라 색상이 혼합되고 변화되는 과정에 대해 이야기 나눈다.

과일 껍질로 표현해 보기

● **활동목표**
1. 여러 가지 과일의 특징을 이해한다.
2. 과일의 다양한 색과 질감을 이용해서 창의적인 작품을 구성한다.
3. 조형놀이를 통해 재미를 경험하고 심미감을 느낀다.

● **준비물** 제철에 볼 수 있는 과일 껍질(말린 것), 씨앗, 종이, 셀로판테이프, 본드

● **놀이방법**

1. 계절에 맞는 열매와 과일에 대해 이야기 나눈다(계절에 따라 적당한 과일을 선택하여 말려서 이용한다).
2. 과일을 잘라 겉과 속의 모양과 씨앗의 생김새, 껍질의 모양 등을 관찰해 본다.
3. 과일의 껍질과 씨앗을 말린다.
4. 종이 위에 테이프를 이용하여 과일 껍질과 씨앗을 붙여 꾸민다.
5. 색연필, 사인펜 등으로 덧그림을 그려 완성한다.

참고사항 과일껍질에 벌이나 벌레 등이 유인될 수 있으니 주의한다. 미리 과일 껍질을 말려 재료를 준비해 두면 좋다.

Chapter 9

신체놀이

신체놀이는 영유아들이 자신의 신체를 이용하여 놀이하는 모든 활동이라고 설명할 수 있다. 영유아들의 신체놀이는 신체 사용에 대한 자신감, 성취감, 그리고 한계점을 인식시켜 주는 적극적인 놀이다. 영유아들은 신체놀이를 통해 기본운동능력 및 응용동작능력의 심화뿐만 아니라 일상생활 속에서 자신의 신체를 사용하여 다양하게 표현하는 창의적 · 인지적 활동을 배울 수 있다.

낙하산 놀이

● **활동목표** 협동하여 함께 동작하는 경험을 갖는다.

● **준비물** 낙하산 천

● **놀이방법**

1. 낙하산을 본 경험과 낙하산이 어떤 역할을 하는지 이야기 나눈다.
2. 낙하산 천을 보여 주고 낙하산 놀이 방법을 이야기한다.
3. 낙하산의 끝을 잡고 교사의 지시에 따라 움직이도록 한다.
   - 낙하산 끝을 모두 잡아 보기
   - 낙하산 위아래로 흔들어 보기
   - 낙하산 흔들어 올린 후 밑으로 들어가기
   - 낙하산 위로 올라가기
4. 낙하산 놀이 후 아이들에게 다른 방법으로 놀이할 수 있는 것에 대해 이야기 나눈다.
5. 낙하산 놀이 후 놀이의 느낌에 대해서도 이야기 나눈다.

참고사항 낙하산 천 중간 중간에 성인(보조교사)들이 함께 있으면 활동이 훨씬 신나고 재미있으며 안전하다.

볼링놀이

● **활동목표** 1. 몸의 균형감을 발달시킨다.
2. 목표물을 향해 공을 던짐으로써 집중력을 키울 수 있다.

● **준비물** 볼링핀, 공

● **놀이방법**

1. 볼링놀이를 해 본 경험에 대해 이야기 나눈다.
2. 볼링핀을 적당한 거리를 두고 가지런히 모아 둔다(볼링핀과 유아의 거리는 연령에 따라 조절할 수 있다).
3. 공을 들고 볼링핀을 향해 공을 던진다(처음에는 균형감을 잃을 수 있으므로 공을 여러 개 준비하여 한 번에 세 번 정도 공을 던질 수 있는 기회를 주면 좋다).
4. 교사가 먼저 시범을 보인다.
5. 차례대로 볼링공 던지기를 해 본다.

구슬과 봉봉을 이용한 신체놀이

● **활동목표** 1. 몸의 균형감을 발달시킨다.
2. 집중력을 키울 수 있다.
3. 자신의 동작을 확인할 수 있다.

● **준비물** 투명한 PET병, 우유팩, 구슬(4~5개), 큰 봉봉, 아크릴 물감, 큰 전지, 수채화 물감, 일회용 비닐장갑 등

● **놀이방법**

1. 우유팩 위에 아크릴 물감을 짠 다음 구슬을 떨어뜨려 물감을 묻힌다.
2. 물감 묻은 구슬을 PET 병에 집어 넣고 크게 흔들어 준다.
3. 나머지 구슬들도 같은 방법으로 다른 색 물감을 묻혀 집어 넣고 흔든다.
4. 물감 묻은 구슬을 전지 위에 세게 또는 약하게 굴려 본다(일회용 장갑을 이용한다).
5. 구슬이 굴러간 자리를 물감이 묻은 모습으로 확인해 본다(구슬이 굴러가고 나서 생긴 점이나 선 등을 살펴본다).
6. 벽에 준비된 전지에 수채화물감을 묻힌 봉봉을 던져 표현해 본다. 봉봉이 흘러내리면서 생긴 점, 선 등의 모습을 관찰한다.

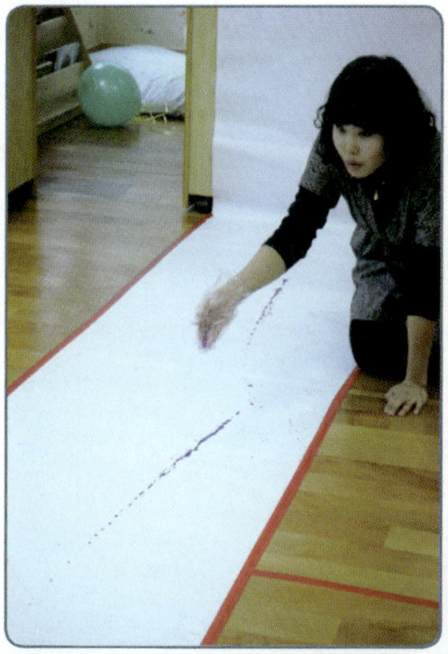

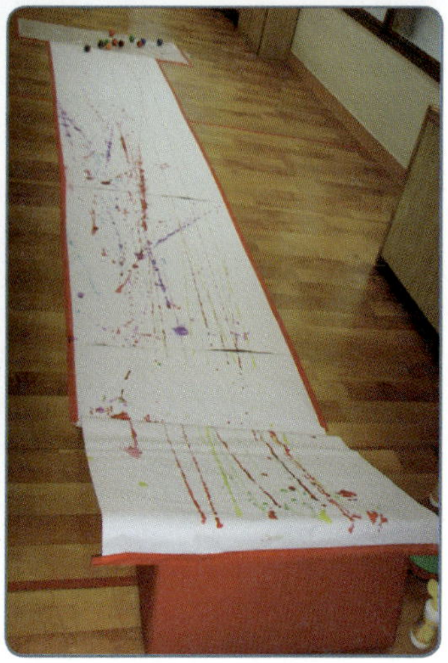

참고사항 PET병을 흔들때 다양한 음악을 준비하여 음악에 맞춰 여러 가지 방법으로 흔들어 보도록 한다. PET병 겉면을 아크릴 물감으로 꾸며 주어도 좋다. 구슬외에 다양한 모양의 둥근 물건을 이용하여 굴려 보아도 재미있다.

그대로 멈춰라

● **활동목표** 1. 음악 소리에 귀를 기울일 수 있다.
2. 동작이 멈춤과 진행함에 따라 집중력을 키울 수 있다.
3. 신체표현놀이를 통해 즐거움을 경험할 수 있다.

● **준비물** CD 플레이어, 노래가 담긴 CD

● **놀이방법**

1. 유아들과 함께 '그대로 멈춰라' 노래를 부른다.
2. 노래를 부르다가 '움직이지마'라는 소리를 들으면 그대로 멈춘다(교사의 지시에 따라 멈출 수도 있고 설 수도 있다).
3. '움직이지마'라는 지시를 처음에는 교사가 하지만 시범을 보인 후에 유아가 할 수 있게 지도한다.
4. '얼음, 땡'의 표현으로 간단한 표현으로도 진행할 수 있다.

우산을 꾸미며 신체놀이하기

● **활동목표** 1. 우산을 가지고 다양하게 신체놀이를 할 수 있다.
2. 대근육 발달을 돕는다.
3. 심미감을 느낀다.

● **준비물** 투명 우산, 컬러 시트지, 가위

● **놀이방법**

1. 놀이 준비물을 소개한다.
   - 우산은 언제 어떻게 사용하는 것일까?
   - (다양한 모양 시트지를 보여 주며) 어떤 모양이니?
2. 유아에게 우산을 하나씩 나누어 준다.
3. 우산을 펴서 우산을 살펴보고 돌려 보도록 한다(우산을 펴고 접고 돌릴 때 주의점에 대해 자세히 알려 준다).
4. 교사는 모양 시트지를 하늘에 비가 내리듯이 던진다.
   - "하늘에서 예쁜 모양비가 내린다"라고 교사는 말해 준다.
5. 유아들에게 숫자를 제시하며 숫자만큼의 시트지를 자신이 원하는 모양을 찾아 투명 우산에 붙인다.
6. 붙인 우산을 가지고 신체표현놀이를 한다.

참고사항 교사는 컬러 시트지를 이용하여 다양한 모양을 오려 놓는다.
여름 행사 때 우산을 만들어 선물로 주면 효과적이다.

나처럼 해봐요! 요렇게!

● **활동목표** 1. 다른 사람의 동작을 보고 따라 할 수 있다.
2. 자신도 동작을 만들어 보며 표현력과 창의력을 키운다.

● **준비물** CD 플레이어. 노래가 담긴 CD

● **놀이방법**

1. 유아들과 함께 '나처럼 해봐요' 노래를 부른다.
2. 노래 중간에 동작을 표현하는 가사가 나오면 교사는 동작을 표현하고 유아들은 교사를 따라 똑같이 움직이도록 한다.
3. 반복적으로 교사와 함께 노래하면 유아들이 행동을 모방하여 움직이도록 한다.
4. 몇 차례 반복하고 교사가 아닌 유아도 동작의 리더 역할을 하도록 지도한다.
5. 유아들도 한 번씩 차례에 따라 자신만의 동작을 표현하고 다른 친구들도 모방하여 움직이도록 한다.

참고사항 영아와 함께 할 때에는 음악 속도를 천천히 한다.

점, 선, 면 연결 신체놀이

● **활동목표** 1. 점, 선, 면에 대해 배울 수 있다.
2. 심미감 발달을 돕는다.

● **준비물** 커다란 전지, 면이 넓은 투명 테이프, 음악 CD

● **놀이방법**

1. 활동하기 편한 옷으로 갈아입은 후 바닥에 깔아 놓은 전지 주위에 모여 앉는다.
2. 지난 시간에 배운 점, 선, 면에 대해 이야기 나눈다.
   - 지난 시간에 어떤 것에 대해 배웠니?
   - 커다란 종이 위에 어떤 것을 그릴 수 있을까?
3. 교사가 큰 점 또는 작은 점 그리고 점을 연결하는 모습을 보여준다.
4. 유아들도 자신이 표현하고 싶은 대로 표현해 보도록 지도한다.
5. 표현이 익숙해 지면 점, 선, 면을 이용하여 자신만의 그림을 그리도록 한다.
6. 그림이 다 그려지면 무엇을 그렸는지 이야기해 보도록 한다.

풍선 치기

● **활동목표** 1. 몸의 여러 부분을 이용하여 풍선을 쳐 보며 다양한 몸의 동작을 이끈다.
2. 기본 이동 동작을 활용해 본다.

● **준비물** 풍선, 리본

● **놀이방법**

1. 풍선의 성질이나 특성에 대해 이야기 나눈다.
   - 풍선을 만져 보니 어떤 느낌이 드니?
   - 풍선을 가지고 어떻게 놀이해 볼 수 있을까?
2. 풍선을 손을 이용하여 쳐 보기를 한다.
3. 손으로 풍선 치는 것이 익숙해지면 머리, 발, 어깨, 엉덩이 등 신체 부위를 이용하여 풍선을 쳐 보도록 한다.

참고사항 풍선이 터질 수 있으니 주의사항에 대해 먼저 이야기해 준다.

배 타고 종이눈 뿌리기

- **활동목표** 1. 대근육과 소근육을 발달시킨다.
  2. 부정적인 내적 욕구를 분출할 수 있다.
  3. 즐거움을 경험한다.

- **준비물** 영유아들이 함께 올라 탈 수 있는 큰 보자기, 한지를 이용한 종이눈

- **놀이방법**

1. 유아들은 대근육실 가장자리에 모두 앉는다.
2. 교사는 큰 보자기를 중앙에 놓는다.
3. 모두 큰 배에 타는 마음으로 교사가 지목하는 유아만 한 사람씩 배에 오른다.
4. 모든 유아가 배에 오르면 교사는 출발 신호를 보내고 모두 선장이 되어 배를 운전하는 흉내를 낸다.
5. 눈이 올 때의 풍경에 대해 이야기한다.
6. 교사는 하늘에서 눈이 내리는 것처럼 종이눈을 여러 차례 유아들을 향해 뿌린다.
7. 종이눈이 많이 뿌려지면 영유아들 스스로 그 눈을 위로 뿌려보며 눈이 내리는 모습을 흉내 내 본다.
8. 놀이 후 느낌에 대해 이야기 나누는 시간을 갖는다.

참고사항 유아들의 폭발적인 반응이 있을 수 있으므로 안전사고에 대한 주의를 준다.

Chapter 10

실외놀이

실외놀이는 영유아들이 교실 밖에서 이루어지는 활동으로 달리기, 뛰어오르기, 기어오르기, 던지기 등의 교실 내에서는 이루어지기 어려운 동적인 활동들이 이루어질 수 있는 놀이이다.

영유아들의 전인적인 성장을 위해 실외놀이는 다음과 같은 기능을 할 수 있다(Theemes, 1999).

- 여러 가지 신체활동을 자유롭게 해 볼 수 있다.
- 다양하고 풍부한 감각 경험을 제공한다.
- 자연학습의 기회를 제공한다.
- 다양한 사회관계를 맺게 해 준다.
- 휴식을 제공한다.
- 즐거움을 준다.

무궁화 꽃이 피었습니다

● **활동목표** 1. 민첩성과 순발력을 기를 수 있다.
2. 놀이를 통해 즐거움을 느낄 수 있다.

● **준비물** 없음

● **놀이방법**

1. 술래를 정한다.
2. 술래는 눈을 감고 벽에 기대어 선다.
3. 다른 유아들은 술래와 멀리 떨어져 출발 지점에 서서 술래가 "무궁화 꽃이 피었습니다"라고 외칠 때 앞으로 서서히 이동한다.
4. 술래의 말이 끝나면 이동할 수 없고 멈추어 선다. 이때 술래는 "무궁화 꽃이 피었습니다" 말이 끝나자 마자 뒤를 돌아보고 움직임이 보이는 친구를 잡을 수 있다.
5. 잡힌 유아는 술래가 된다.
6. 술래 앞까지 이동하도록 잡힌 유아가 없을 때에는 이동하는 유아들이 술래의 등을 치고 출발점으로 달려온다.
7. 달려올 때 술래에게 잡히면 잡힌 유아는 술래가 된다.

줄넘기

● **활동목표** 1. 도구를 이용하여 신체를 이완하고 수축시키는 경험을 갖는다.
2. 민첩성과 순발력 및 기본운동능력을 기른다.
3. 다양한 방법으로 줄넘기를 함으로써 창의적 표현능력을 기른다.

● **준비물** 줄넘기 또는 긴 줄

● **놀이방법**

1. 유아들에게 줄넘기하는 다양한 방법에 대해 이야기해 보도록 한다.
   - 줄을 몸 뒤에서 앞으로 넘겨 보자.
   - 줄을 낮게 하여 두 발을 모아 뛰어넘어 보자.
2. 앞의 1에서 제시한 동작이 각각 잘 이루어지면 두 동작을 연결하여 움직일 수 있도록 한다.
3. 줄넘기를 천천히 계속 연결할 수 있도록 한다.

참고사항 교사가 먼저 시범을 보이고 유아들이 따라 하도록 지도한다.
줄을 이용한 다양한 놀이를 소개한다(줄 당기기, 줄 위로 걷기, 여러 명이 줄 넘는 놀이).

원통 굴리기

● **활동목표** 1. 신체 각 부분의 운동기능이 발달된다.
2. 힘을 조절하는 능력을 기른다.

● **준비물** 원통

● **놀이방법**

1. 원통 모양을 탐색한다.
   - 어떤 모양이니?
   - 이것으로 무엇을 할 수 있을까?
   - 어떻게 굴릴 수 있을까?
2. 유아들과 함께 출발선을 긋고 원통 굴리기를 준비한다.
3. 출발선에 서서 원통을 세워 멀리 굴린다.
   - 원통을 멀리 굴리기 위해서 어떻게 할까?
4. 원통이 멈춘 지점에서 다시 원통을 멀리 굴린다.

부메랑 던지기

● **활동목표** 1. 집중력을 키운다.
2. 민첩성과 순발력을 키운다.

● **준비물** 부메랑

● **놀이방법**

1. 부메랑을 보여 주며 모양과 특성에 대해 이야기 나눈다.
   - 날개는 몇 개 있을까?
   - 모양은 어떤 모양인까?
2. 부메랑 놀이방법에 대해 이야기 나눈다.
   - 어떻게 던지는 것일까?
   - 어떻게 받는 것일까?
3. 부드러운 자세로 부메랑을 던진다.
4. 시선은 부메랑을 응시하고 부메랑이 날아오는 것을 확인하고 두 손바닥을 아래위로 향하게 하여 포개어 잡는다.
5. 야외에서 유아들끼리 거리를 두고 부메랑을 날려 보도록 한다.

참고사항 교사는 부메랑 던지는 방법을 잘 숙지하고 있어야 한다.
사고가 발생할 수 있으니 특별한 주의가 필요하고 충분한 연습이 필요하다.

배드민턴 치기

● **활동목표** 1. 집중력을 키울 수 있다.
2. 힘의 강약 조절을 키울 수 있다.
3. 거리조절능력을 키울 수 있다.

● **준비물** 배드민턴라켓, 공(셔틀콕)

● **놀이방법**

1. 배드맨턴 라켓과 공(셔틀콕)을 가지고 어떻게 놀이할 수 있을지에 대해 이야기 나눈다.
   - 배드민턴 라켓은 어떻게 잡는 것일까?
   - 공을 어떻게 던져야 위로 높이 날아갈 수 있을까?
2. 배드민턴 치는 방법을 알려 주고 교사가 먼저 시범을 보인다.
3. 처음에는 유아 한 사람씩 라켓과 공을 가지고 연습해 보도록 한다.
4. 익숙해지면 두 사람이 한 조가 되어 공을 주고받는 놀이를 하도록 한다.

얼음 땡

● **활동목표** 1. 달리고 멈추는 동작을 반복함으로 신체 조절과 대근육 발달을 돕는다.
2. 규칙을 지키며 함께 놀이하는 즐거움을 경험한다.

● **준비물** 없음

● **놀이방법**

1. 술래를 정한다.
2. 술래는 한 자리에 서서 "시작"을 외치고 다른 사람을 잡으러 다닌다.
3. 술래가 손으로 잡으려 할 때 "얼음" 하고 외치고 멈추면 술래는 유아를 잡을 수 없다.
4. "얼음"을 외치고 나서는 움직일 수 없다. 그러나 다른 유아가 와서 "땡" 하고 쳐 주면 유아는 다시 움직일 수 있다.
5. 술래에게 "얼음"을 외치기 전에 잡히거나 "얼음"을 외치고 나서 움직이면 그 유아는 술래가 된다.
6. 술래가 바뀌면 다른 유아들에게 술래를 알리고 게임을 다시 시작한다.

훌라후프 놀이

● **활동목표** 1. 훌라후프를 이용하여 신체의 유연성을 기른다.
2. 훌라후프의 모양과 성질을 안다.

● **준비물** 훌라후프

● **놀이방법**

1. 훌라후프에 대해 이야기 나눈다.
   – 어떤 모양인가?
   – 훌라후프로 어떤 놀이를 할 수 있을까?
2. 훌라후프를 이용한 다양한 놀이방법을 설명해 준다.
   – 훌라후프를 바닥에 놓고 밟지 않고 바깥쪽으로 돌아본다.
   – 훌라후프 안으로 들어가 훌라후프 밖으로 뛰어 본다.
   – 훌라후프를 양손으로 들고 돌리기를 해 본다.
   – 훌라후프를 이용하여 체조놀이를 할 수 있다.

부록

● 생활주제 : 어린이집 생활 ●

작은 문 큰 문

조용하도록 주의를 모으며
다음 활동시간을 묻는 손놀이

여기 작은 문이 있어요	오른손 주먹에서 검지와 장지만 세워서 붙인 모양으로 오른쪽 눈 위에 갖다 댄다
여기 작은 문이 있어요	왼손 주먹에서 검지와 장지만 세워서 붙인 모양으로 왼쪽 눈 위에 갖다 댄다
문을 요렇게 열어 보니	양손의 검지와 장지를 쫙 벌려서 W자 같이 만들고 그 사이로 본다
아무도 없어요	고개를 옆으로 기울여 내다보는 듯한 동작을 하고 고개를 좌우로 흔든다
여기 큰 문이 있어요	오른손 주먹을 꽉 쥔 상태로 얼굴 앞에 갖다 세운다
여기 큰 문이 있어요	왼손 주먹을 꽉 쥔 상태에서 얼굴 앞 오른 주먹 옆에 갖다 세운다
문을 이렇게 열어보니	두 주먹 쥔 상태 그대로 양팔을 양쪽으로 힘 있게 벌린다
친구들이 모여 있네	두 손을 가슴 위치 정도 앞으로 내밀어 다섯 손가락을 각각 꼬물꼬물 움직거린다
쉿!	오른손 주먹에서 오른 검지만 세워 입에 갖다 댄다
지금은 무슨 시간?	양손을 양 허리에 짚고 고개를 좌우 둘러보며 말한다

● 생활주제 : 어린이집 생활 ●

잉순이와 하순이

친구와 사이좋게 지내기를
강조하는 손놀이

잉순이와 잉돌이가	오른손 검지 먼저 세우고 이어서 왼손 검지 세운다
뛰어가다 부딪쳤네	양손 검지를 뛰는 것처럼 위아래로 움직이다가 부딪쳐준다
"너 때문이야, 너 때문이야"	오른손 검지가 먼저 왼손 검지에게 치받는 듯한 동작을 하고 이어서 왼손 검지가 맞받아 치받는 동작한다
둘이는	양손 검지를 세게 맞부딪친다
화가 나서 잉잉잉	머리 위에 뿔처럼 세워 흔든 다음 잉잉 우는 동작
하순이와 하돌이가	오른손 검지 먼저 세우고 이어서 왼손 검지 세운다
뛰어가다 부딪쳤네	양손 검지를 뛰는 것처럼 위아래로 움직이다가 부딪쳐준다
"내가 미안해, 내가 미안해"	오른손 검지가 먼저 왼손 검지에게 인사하는 동작하고 이어서 왼손 검지가 인사하는 동작한다
둘이는	양손 검지를 가볍게 맞부딪친다
사이좋게 하하하	양손 검지를 실패감듯이 빙글빙글 돌린 다음 하하 웃는 동작

● 생활주제 : 어린이집 생활 ●

열려라 참깨

주의를 모으고 조용하도록
유도하는 손놀이

1. 열려라 참깨 닫혀라 참깨 열려라 참깨 닫혀라 들깨 열어열어열어 닫아닫아닫아 짝짝짝 쉿!	양손바닥을 마주 붙이고 있다가 양옆으로 벌린다 양손바닥을 맞붙인다 양손바닥을 양옆으로 벌렸다가 맞붙인다 양손바닥을 세 번에 나누어 양옆으로 벌린 다음, 세 번에 나누어 안쪽으로 점점 좁혀 맞붙인다 손뼉 세 번 치고 입 앞에다 검지를 대는 동작
2. 열려라 참깨 닫혀라 들깨 열려라 참깨 닫혀라 들깨 열어열어열어 닫아닫아 닫아 쿵쿵쿵 쉿!	양다리를 마주 붙이고 있다가 양옆으로 벌린다 양다리를 맞붙인다 양다리를 벌렸다가 맞붙인다 양다리를 세 번에 나누어 양옆으로 벌린 다음, 세 번에 나누어 안쪽으로 점점 좁혀 맞붙인다 발을 쿵쿵쿵 구르고 입 앞에다 검지를 대는 동작
3. 열려라 참깨 닫혀라 들깨 열어열어열어 닫아닫아닫아 짝짝짝 + 쿵쿵쿵 쉿!	위의 손과 발동작을 동시에 합하여 한다

● 생활주제 : 나의 몸 ●

똑똑

얼굴과 몸을 가지고 노는 손놀이이며
유아들의 동작을 가지런히 모으도록
유도하는 효과도 가진 손놀이

똑똑	오른손으로 자기 이마에다 노크 동작
살짝 들여다보니	오른손을 이마 위에 대고 들여다보는 동작
자물쇠가 열려 있어	오른손 검지를 코끝에 댄 다음 반짝 들어올려 들창코 같이 만든다
타박타박 걸어갔네	오른손 검지와 장지를 교차해서 흔들며 코에서 턱까지 천천히 내려온다
안녕하세요 턱 씨?	턱을 오른손으로 가볍게 잡고 친구와 서로 보면서 인사한다. 이때 목소리는 약간 호들갑스런 목소리로 특이하게 말한다
똑똑	양손으로 넓적다리에 노크한다
살짝 들여다보니	양손을 이마에 대고 들여다보는 동작
문이 열려 있어	양손으로 넓적다리를 탁 치고 다리를 양쪽으로 쩍 벌린다
터벅터벅 걸어가서	양손 검지와 장지로 걸음 걷는 동작 같이 움직이며 넓적다리 위를 걸어가는 동작한다
편히 쉬었다네	두 다리를 예쁘게 모으고 양손을 깍지 끼어 넓적다리 위에 가지런히 놓는다

● 생활주제 : 나의 몸 ●

탁탁

신체 부분에 관심 갖게 하고
어깨를 리듬 있게 움직여 노는 손놀이

코를 탁	'탁'이라고 할 때 오른손 검지로 자기 코를 짚는다
입을 탁	'탁'이라고 할 때 오른손 검지로 자기 입을 짚는다
짝	박수 한 번 친다
발을 탁탁	'탁탁'이라고 할 때에 두 발을 쿵쿵 구른다
쿵닥쿵닥	양어깨를 위아래로 리듬 있게 들썩인다
쿵쿵닥 쿵닥	'쿵쿵닥' 부분에서는 양어깨를 부르르 떨듯이 빠르게 움직여 들썩인 다음 '쿵닥' 부분에서 한 번 더 들썩인다
눈을 탁	'탁' 부분에서 양손 검지로 눈을 짚는다
귀를 탁	'탁' 부분에서 양손 검지로 귀를 짚는다
짝	박수 한 번 친다
발을 탁탁	'탁탁'이라고 할 때에 두 발을 쿵쿵 구른다
쿵닥쿵닥	양어깨를 위아래로 리듬 있게 들썩인다
쿵쿵닥 쿵닥	'쿵쿵닥' 부분에서는 양어깨를 부르르 떨듯이 빠르게 움직여 들썩인 다음 '쿵닥' 부분에서 한 번 더 들썩인다

치카치카

깨끗이 이를 닦고 세수하는 과정을
표현한 손놀이

가사	동작
치카치카 이를 닦고	오른손 검지와 장지를 붙여 이 닦는 동작
치카치카 이를 닦고	이 닦는 동작을 반복
꼬르르륵 퉤 꼬르르륵 퉤	컵을 쥔 동작으로 물 마시는 동작을 하고 퉤 내뱉는 동작을 두 번 반복한다
푸우푸우 세수하고	양손으로 세수하는 동작을 연거푸 한다
푸우푸우 세수하고	세수하는 동작을 반복한다
뽀드득 뽀드득 빵긋	양손 엄지와 검지로 양쪽 뺨을 잡았다 놓았다 한 다음에, 활짝 펴서 입가에 대고 방긋 웃는 동작
뽀드득 뽀드득 빵끗	위의 동작 반복

● 생활주제 : 건강과 위생 ●

목욕탕에 갔어요

즐겁게 목욕하기를
표현한 손놀이

개구리 가족이	오른손 엄지와 검지와 새끼손가락을 펴서 세우고 좌우로 흔든다
목욕탕에 갔어요	양손 검지로 네모를 그린다
아빠 개구리는	오른손 엄지를 세워 앞으로 내민다
뻐뻐뻐뻐뻐 뻐뻐뻐뻐뻐	수건을 등 뒤에서 양손으로 잡고 등을 문지르는 것 같은 동작
"어휴 시원해"	양팔을 높이 올리고 과장되게 위아래로 흔들며 으스대는 것 같은 동작
엄마 개구리는	오른손 검지를 세워 앞으로 내민다
빡빡빡빡빡 빡빡빡빡빡	수건으로 팔을 훑어내리듯이 때미는 동작을 왼팔, 오른팔 차례로 한다
"아유 시원해"	양손을 꼭 쥐고 호들갑스럽게 흔든다
아기 개구리는	새끼손가락을 내민다
뽁뽁뽁뽁뽁 뽁뽁뽁뽁뽁	오른손으로 왼쪽 어깨 부분을 빙글빙글 문지르는 동작하고 다음에는 왼손으로 오른 어깨도 빙글빙글 문지르기 동작
"아이 시원해"	가볍게 손을 쥐고 흔든다
쿨~	양손을 귀 옆에 대고 잠든 시늉

● 생활주제 : 건강과 위생 ●

휴지

휴지를 사용하여 깨끗이 할 수 있음을
표현한 손놀이

나는 보들보들	양손을 엇겨 자기 가슴에 댄 다음, 양손 각각 손가락들을 비비며 촉감을 느껴보는 동작한다
네모난 휴지예요	양손 검지로 작은 네모를 그린다
싹싹 닦는 데는 내가 최고죠	양손바닥을 서로 닦듯이 맞문지르기 두 번 한 다음 엄지를 내민다
톡톡 뽑아서	머리 위에서 휴지 뽑아내는 동작을 오른손, 왼손 차례로 한 번씩 한다
코를 닦아 주세요 고를 닦아 수세요	손으로 코를 문질러 닦는 동작
코가 깨끗	오른 검지로 코를 가리키고 다섯 손가락을 탁 튕겨 탁 펴며 반짝하는 동작 표현
나는 보들보들	양손을 엇겨 자기 가슴에 댄 다음, 양손 각각 손가락들을 비비며 촉감을 느껴보는 동작한다
네모난 휴지예요	양손 검지로 작은 네모를 그린다
싹싹 닦는 데는 내가 최고죠	양손바닥을 서로 닦듯이 맞문지르기 두 번 한 다음 엄지를 내민다
톡톡 뽑아서	머리 위에서 휴지 뽑아내는 동작을 오른손, 왼손 차례로 한 번씩 한다
입을 닦아 주세요 입을 닦아 주세요	손으로 입을 닦는 동작
입이 깨끗	오른 검지로 입을 가리킨 다음 다섯 손가락을 탁 튕겨서 활짝 펴며 반짝하는 동작 표현

● 생활주제 : 봄 ●

작고 작은 씨앗 하나

봄에 씨앗이 성장하는 것을
표현한 손놀이

작고 작은	양손 엄지와 검지를 맞붙이며 아주 작은 알갱이를 잡는 듯한 동작
씨앗 하나	오른손 엄지와 검지로 동그라미를 만들어 앞으로 내보인다
땅 속에서	양손을 깍지 끼워서 머리 위에 올린다
나갈까 말까 나갈까 말까	깍지 낀 손을 이마까지 내렸다 머리 위로 다시 올렸다 하는 동작을 두 번 반복
망설이는데	깍지 낀 손을 머리 위에서 좌우로 흔든다
해님이 똑똑똑	양손으로 반짝거리며 360도 돌린 다음 오른손으로 노크 동작
“어서 나와라”	양손을 입에 대고 속삭이는 동작
봄비가 똑똑똑	양손 엄지와 검지로 동그라미 만들고 위에서 아래로 비오는 듯 흔들며 내린 다음 오른손으로 노크 동작
“어서 나와라”	양손을 입에 대고 속삭이는 동작
봄바람이 똑똑똑	양손으로 머리 위에서 좌우로 흔든 다음 오른손으로 노크 동작

"어서 나와라"	양손을 입에 대고 속삭이는 동작
작고 작은	양손 엄지와 검지를 맞붙이며 아주 작은 알갱이를 잡는 듯한 동작
씨앗 하나	오른손 엄지와 검지로 동그라미를 만들어 앞으로 내보인다
땅속에서	양손을 깍지 끼워서 머리 위에 올린다
쏘옥 내밀었네 예쁜 새싹을	양손 검지를 세워 붙인 다음 얼굴 위치 정도에서 점점 위로 올려 머리 윗부분에서 양검지를 벌리고 딱 멈춘다
해님이 만져주며	양손으로 반짝거리며 360도 돌린 다음 양손으로 자기 뺨을 빙글빙글 쓰다듬는다
"아이 예쁘다"	양손으로 양 뺨을 가볍게 두드린다
봄비가 만져주며	양손 엄지와 검지로 동그라미를 만들고 위에서 아래로 비오는 듯 흔들며 내린 다음 양손으로 자기 뺨을 빙글빙글 쓰다듬는다
"아이 예쁘다"	양손으로 양뺨을 가볍게 두드린다
봄바람이 만져주며	양손으로 머리 위에서 좌우로 흔든 다음 양손으로 자기 뺨을 빙글빙글 쓰다듬는다
"아이 예쁘다"	양손으로 양뺨을 가볍게 두드린다
"으음 나오길 잘했네"	양팔로 자기 가슴께에 팔짱을 끼고 고개를 거만하게 흔든다

● 생활주제 : 봄 ●

우산

사용했던 우산을 잘 털어서
접어놓는 것을 표현한 손놀이

말리자 말리자	양손을 쫙 펴서 팔목 부분을 붙인 다음 좌우로 빙글빙글 움직여준다
예쁜 내 우산	양손으로 머리 위에 큰 반원을 그린다 - 우산을 편 모습을 상징
말리자 말리자 예쁜 내 우산	위와 같이 반복
탁탁 털어 탁탁 털어	양손을 펴서 팔목 붙인 상태에서 좌우 두 번씩 터는 동작
물방울을	엄지와 검지로 동그라미 만든 모양으로 오른손 한 번 왼손 한 번 흔들어준다
털어 털어	양손을 펴서 팔목 붙인 상태에서 좌우 한 번씩 터는 동작
물방울을 털어 털어	위와 같이 반복
예쁘게 접어 접어	손을 빳빳이 펴고 팔을 펴서 오른팔을 세운 아래 왼팔을 갖다 대고 반대로 위치 바꾸고 하는 동작을 두 번 반복
예쁘게 접어 접어	위의 동작 반복
하나 둘 셋 넷 다섯 샥!	새끼손가락부터 서로 마주 끼우기 시작하여 약지, 장지, 검지, 엄지순으로 다 끼운 다음 양팔꿈치를 붙이면서 위로 쑥 올려 세운다

● 생활주제 : 우리 가족 ●

모두 일어나

가족이 잠에서 깨어나는 것을
표현한 손놀이

꽉 닫혀 있는	양손을 쫙 펴서 양옆에서 가운데로 모아 온 다음 양손을 깍지 끼운 다음 세로로 세우면서 양팔꿈치를 붙인다
작고 작은 집	양팔꿈치를 붙인 상태에서 깍지 낀 손을 좌우로 가볍게 흔든다
들여다보니 모두들 자고 있네	양손을 벌려 들여다본 다음 고개를 옆으로 빼서 내다보듯이 하며 말한다
창문을 열었더니 햇빛이 쏟아지네	양손 깍지 끼운 상태에서 양팔을 좌우로 벌린 다음 손바닥이 위로 가게 뒤집는다
"일어나 일어나 모두 일어나"	깍지 낀 손바닥을 쳐다보면서 흔든다
"아 잘 잤다"	깍지 낀 손의 손가락들을 위로 세워 각각 흔든다. 이때 잠에서 깬듯 한 소리로 약간 특이하게 말한다

● 생활주제 : 우리 가족 ●

할아버지와 할머니

할아버지와 할머니의 특징을
비교하여 표현한 손놀이

노랫말	동작
여기 할아버지의 안경이 있어요	양손 각각 큰 원 모양을 만들어 눈앞에다 두 번 리듬 있게 갖다 대고 눈앞에서 빙글빙글 돌린다
여기 할아버지의 모자가 있어요	양손을 머리 위에 높이 올려 긴 모자를 표현한 다음 그 상태대로 좌우로 까딱까딱한다
할아버지는 팔을 이렇게 포개어 에헴 하지요	양손을 펴서 손바닥이 밖을 향하게 두 번 흔든 다음 자기 가슴 앞에다 팔짱을 낀다
여기 할머니의 안경이 있어요	양손 엄지와 검지로 각각 작은 원 모양을 만들어 눈앞에다 두 번 리듬 있게 갖다 대고 눈앞에서 빙글빙글 돌린다
여기 할머니의 모자가 있어요	양손을 머리 위에 낮게 올려 납작한 모자를 표현한 다음 그 상태대로 좌우로 까딱까딱한다
할머니는 손을 요렇게 포개어 무릎에 놓아요	양손을 펴서 손바닥이 밖을 향하게 두 번 흔든 다음 양손을 깍지 끼워 무릎에 놓는다

● 생활주제 : 동물 ●

악어야 악어야

마주 앉아 말을 주고받으며 노는 것인데
수가 커짐에 따라 그 길이만큼 비명을
더 길게 지르는 재미가 있는 손놀이

악어야 악어야	양손을 입 앞에 모으고 누군가를 부르는 동작
그 늪 속에 몇 마리 있니?	오른 손가락으로 앞을 가리킨 다음, 머리에다 대고 왼손으로는 그 밑을 팔로 고여서 생각하는 동작함
셋!	거친 목소리로 손가락을 세 개 펴 보인다
으아악~	비명을 셋 길이만큼 지른다
악어야 악어야 그 늪 속에 몇 마리 있니?	양손을 입 앞에 모으고 누군가를 부르는 동작 오른 손가락으로 앞을 가리킨 다음, 머리에다 대고 왼손으로는 그 밑을 팔로 고여서 생각하는 동작함
여섯!	거친 목소리로 손가락을 여섯 개 펴 보인다
으아아아아악~	비명을 여섯 길이만큼 지른다
악어야 악어야 그 늪 속에 몇 마리 있니?	양손을 입 앞에 모으고 누군가를 부르는 동작 오른 손가락으로 앞을 가리킨 다음, 머리에다 대고 왼손으로는 그 밑을 팔로 고여서 생각하는 동작함
열!	거친 목소리로 손가락을 열 개 펴 보인다
으아아아아아아아아악~	비명을 열 길이만큼 지른다

● 생활주제 : 동물 ●

산속에 갔더니

마주 앉아서
둘이 노는 손놀이

산 속에 갔더니	A가 먼저 손을 세워 산 같이 만들었다가
바위 틈에 굴이 있어	이어서 그대로 주먹을 맞붙인 형태로 만든 다음 손을 펴서 구멍을 만든다
살짝 들여다 봤지. 아무도 없나봐	마주 앉은 B가 그 구멍을 들여다 본 다음 고개를 옆으로 빼고 좌우로 흔든다
살금살금 살금살금 살금살금 살금살금	B가 검지와 장지로 걷는 동작을 표현하며 A가 만든 손 구멍으로 들어간다
콰악! '호랑이다'	'콰악' 하며 A가 구멍을 만들고 있던 두 손을 맞잡아 B의 손가락을 잡으려고 하고 B는 얼른 손을 뽑아 나오며 '호랑이다' 소리친다 - 이때 B가 잡히면 B 얼굴에 스티커 하나 붙이고 A가 못잡으면 A 얼굴에 스티커 하나 붙이는 식으로 게임을 계속한다

● 생활주제 : 동물 ●

곰가족

곰가족의 각 특징을 재미있게 표현하는 손놀이이며 아이들을 잠깐 엎드려 쉬도록 유도하는 손놀이로 활용할 수 있다.

어느 날	양손으로 머리 위에서 크게 반원을 그린다
아빠 곰이 "포수가 나타났어 포수가 나타났어"	오른 엄지를 내민 다음, 긴 총을 쏘는 동작을 만들어 좌우로 한 번씩 겨냥하며 아빠 목소리로 말한다
그러자	양손으로 머리 위에서 크게 반원을 그린다
엄마곰이 "어떡해요 어떡해요"	오른 검지를 내민 다음, 양손을 좌우로 펼친 다음 흔들면서 엄마 목소리처럼 말한다
그러자	양손으로 머리 위에서 크게 반원을 그린다
오빠곰이 "싸울테야 싸울테야"	오른 장지를 내민 다음, 두 주먹으로 권투하듯이 좌우로 한 번씩 동작하며 오빠 소리처럼 말한다
그러자	양손으로 머리 위에서 크게 반원을 그린다
언니곰이 "숨을테야 숨을테야"	오른 약지를 내밀어 보이고 두 손으로 얼굴을 가리며 언니 목소리로 말한다
그러자	양손으로 머리 위에서 크게 반원을 그린다

아기곰이 "구경갈까 구경갈까"	오른손 새끼손가락을 내밀어 보이고 손을 이마 위에 대고 멀리 보는 시늉하며 아기 목소리로 말한다
이때	오른손 장지와 엄지를 빗겨 딱 소리낸다
포수가 나타나서 총을 빵!	긴 총을 쏘는 동작을 좌우로 한 번씩 한 다음 가운데 방향을 겨냥하고 '빵' 한다
엎드려!	바싹 엎드리는 동작
포수가 갔다	잠깐 엎드려 있은 후에 교사가 말해준다
야 살았다!	유아들이 손을 바싹 들며 신나게 일어난다

● 생활주제 : 여름 ●

앵두

앵두나무를 표현하고 가족과
나누어 먹는 것을 표현한 손놀이

초록초록 나무에	양손 검지와 장지를 펴서 V자를 만들어 머리 위로 팔을 올리고 좌우로 교차하며 움직인다
빨간빨간 앵두가	양손 엄지와 검지로 동그라미를 만들고 오른손, 왼손 차례로 움직여 준 다음 양손 함께 빙글빙글 돌린다
다닥다닥 다닥다닥	위와 같은 손 모양을 유지하며 공중에다 대고 여기저기 디딕다닥 박는 시늉을 한다
많이 열렸네	두 손으로 큰 원을 그린다
한 알만 한 알만	오른 엄지와 장지를 빗겨 딱 소리내고 왼손도 똑같이 한다
또옥 따다가	오른손으로 나무에서 한 알을 똑 따는 동작하여 왼손에 담는다
"아빠 잡수세요"	오른쪽을 향해 양손으로 드리는 동작
한 알만 한 알만	오른 엄지와 장지를 빗겨 딱 소리내고 왼손도 똑같이 한다
또옥 따다가	오른손으로 나무에서 한 알을 똑 따는 동작하여 왼손에 담는다

"엄마 잡수세요"	왼쪽을 향해 양손으로 드리는 동작
한 알만 한 알만	오른 엄지와 장지를 빗겨 딱 소리내고 왼손도 똑같이 한다
또옥 따다가	오른손으로 나무에서 한 알을 똑 따는 동작하여 왼손에 담는다
내 입 속에 쏙	양손으로 자기 턱밑을 받친 다음 입에 한 알 넣는 동작
"음 맛있네"	양손을 흔들며 맛있는 표정

● 생활주제 : 여름 ●

꽃게와 가재

둘이 마주 앉아서 노는
코믹한 손놀이

짝짝짝짝짝 꽃게한테 물렸네	박수를 친 다음 양손 검지와 장지로 게의 집게처럼 쩔걱거려 보인 후 상대방 몸의 아무 곳이나 꽉 집는다
아야 아야 오예	상대방을 물었던 손가락을 풀고 양손을 주먹 쥐고 흔든 다음 양손으로 머리 위에서 빠르게 움직이며 자기 머리 쓰다듬는 동작
짝짝짝짝짝 가재한테 물렸네	박수를 친 다음 양손 검지와 장지로 게의 집게처럼 쩔걱거려 보인 후 상대방 몸의 아무 곳이나 꽉 집는다
아싸 아싸 오예	상대방을 물었던 손가락을 풀고 양손바닥을 비빈 다음 양손으로 머리 위에서 빠르게 움직이며 자기 머리 쓰다듬는 동작
짝짝짝짝짝 낙지한테 감겼네	박수를 친 다음 양손 검지와 장지로 게의 집게처럼 쩔걱거려 보인 후 상대방 몸을 휘감는 동작
아야 아야 오예	상대방을 물었던 손가락을 풀고 양손을 주먹 쥐고 흔든 다음 양손으로 머리 위에서 빠르게 움직이며 자기 머리 쓰다듬는 동작
짝짝짝짝짝 문어한테 감겼네	박수를 친 다음 양손 검지와 장지로 게의 집게처럼 쩔걱거려 보인 후 상대방 몸을 휘감는 동작
아싸 아싸 오예	상대방을 물었던 손가락을 풀고 양손바닥을 비빈 다음 양손으로 머리 위에서 빠르게 움직이며 자기 머리 쓰다듬는 동작

칙

여름 해충을 잡는 것을
표현한 손놀이

애앵	모기가 오른쪽 위에서 왼쪽 아래를 향하여 애앵 날아 내리는 동작
칙	스프레이 모기약을 뿌리는 동작
띠리리리리리	모기가 해롱해롱 떨어지는 것처럼 오른 엄지와 검지를 맞붙이고 가볍게 주먹 쥔 상태로 위에서 아래로 굴곡을 그린다
모기 아싸	모기를 집어올리는 동작한 후, 주먹을 위에서 아래로 힘차게 내리치며 아싸 동작
왱왱왱왱왱왱왱왱	오른 검지를 세워 공중에서 뱅글뱅글 돌린다
칙	스프레이 파리약을 뿌리는 동작
띠리리리리리	파리가 해롱해롱 떨어지는 것처럼 오른 엄지와 검지를 맞붙이고 가볍게 주먹 쥔 상태로 위에서 아래로 굴곡을 그린다
파리 아싸	파리를 집어올리는 동작한 후, 주먹을 위에서 아래로 힘차게 내리치며 아싸 동작
보르르르	오른 검지와 장지로 바쁘게 앞쪽으로 걸어가듯이 움직여 간다
칙 칙	스프레이 바퀴벌레약을 뿌리는 동작
벌러덩	양손을 뒤로 제끼는 동작
바퀴벌레 아싸	바퀴벌레를 집어올리는 동작한 후, 주먹을 위에서 아래로 힘차게 내리치며 아싸 동작

신호등 1

자동차에게 보내는 교통신호등의
의미를 표현한 손놀이

빨간불이 말하기를	양손 검지로 동그라미를 그린다
멈춰 멈춰	양손을 바깥쪽으로 쭉 뻗어 바닥을 바깥쪽으로 보이면서 멈추라는 동작을 오른쪽 왼쪽 한 번씩 한다
버스도 끼익 택시도 끼익	양손을 크게 펴고 바퀴 굴러가는 동작을 크게 한 다음 멈추라는 동작을 한 번 한다. 같은 동작을 택시는 버스보다 작게 표현한다
노란불이 말하기를	양손 검지로 동그라미를 그린다
기다려 기다려	양손을 바깥쪽으로 쭉 뻗어서 흔드는 동작을 오른쪽, 왼쪽 한 번씩 한다
버스도 기다려 택시도 기다려	양손을 크게 펴고 바퀴 굴러가는 동작을 크게 한 다음 바깥 쪽에 대고 흔드는 동작을 한 번 한다. 같은 동작을 택시는 작게 표현한다
초록불이 말하기를	양손 검지로 동그라미를 그린다
가도 돼 가도 돼	양손을 나란히 하여 바깥쪽으로 쭉 가는 동작을 오른쪽 왼쪽 한 번씩 한다
버스도 부웅 택시도 부웅	양손을 크게 펴고 바퀴 굴러가는 동작을 크게 한 다음 쭉 가는 동작을 한 번 한다. 같은 동작을 택시는 작게 표현한다

신호등2

걷는 사람들에게 보내주는
교통신호등의 의미를 표현한 손놀이

빨간불이 말하기를	양손 검지로 동그라미를 그린다
멈춰 멈춰	양손을 바깥쪽으로 쭉 뻗어 바닥을 바깥쪽으로 보이면서 멈추라는 동작을 오른쪽 왼쪽 한 번씩 한다
엄마도 뚝, 나도 뚝	오른손 검지를 흔든 다음 차렷 자세, 양손 엄지로 자기를 가리키고 차렷 자세
초록불이 말하기를	양손 검지로 동그라미를 그린다
가도 돼 가도 돼	양손을 나란히 하여 바깥쪽으로 쭉 가는 동작을 오른쪽 왼쪽 한 번씩 한다
엄마도 하나, 둘 나도 하나, 둘	오른손 검지를 흔든 다음, 걸어갈 때처럼 양팔을 신나게 흔든다. 양손 엄지로 자기를 가리키고 걸어갈 때처럼 흔든다

안전벨트

안전벨트를 매도록
유도하는 손놀이

소나타가 오네요	날렵하게 편 오른손으로 오른쪽 끝에서부터 왼쪽으로 미끄러지듯이 간 다음
오 예!	주먹을 쥐어 오른쪽으로 미끄러지듯이 다시 뺀 다음, 위에서 아래로 당기듯이 당겨 내린다
그랜저가 오네요	날렵하게 편 왼손으로 왼쪽 끝에서 오른쪽으로 미끄러지듯이 간 다음,
오 예!	주먹을 쥐면서 왼쪽으로 미끄러지듯이 다시 뺀 다음 위에서 아래로 당기듯이 당겨 내린다
문을 닫고 안전벨트 문을 닫고 안전벨트	오른손으로 문을 탁 닫는 동작하고 오른쪽 어깨 쪽에서 왼쪽 허리 쪽으로 손을 내리며 안전벨트 매는 동작한다. 전체 동작을 두 번 반복한다
출발	오른손 검지를 위로 높이 찌른다
부릉부릉 붕~~	두 손으로 빙글빙글 돌린 다음 앞으로 쭉 나가는 동작

● 생활주제 : 가을 ●

사과나무

사과가 익어서 떨어지는 것을
표현한 손놀이

가사	동작
사과나무에	양손 검지와 장지로 V자 만들어 팔을 머리 위로 쭉 뻗고 좌우로 교차되게 흔든다
사과가 달려 있네 사과가 달려 있네	양팔을 양쪽으로 각각 쭉 뻗고 손목을 아래쪽으로 꺾어 주먹을 꽉 쥔 다음 리듬에 맞춰 두 번 팔을 아주 가볍게 위아래로 조금 흔든다
사과나무에	위와 같음
사과가 웃고 있네 사과가 웃고 있네	양팔을 양옆으로 뻗어 주먹을 꽉 폈다 쥐었다 한다. 두 번 반복
사과나무에	위와 같음
사과가 흔들리네 사과가 흔들리네	양팔을 양옆으로 쫙 뻗어 주먹을 쥔 상태에서 몸을 심하게 흔든다
사과나무에	위와 같음
사과가 떨어지네 사과가 떨어지네	양팔을 양옆으로 쫙 뻗어 주먹을 쥔 상태에서 팔을 조금 힘 빼면서 몸도 힘 빼듯이 하여 수축한다
야! 사과다.	오른손 검지로 땅을 가리킨다
하나 주워 쓱쓱 닦아 반짝반짝 쓱쓱 닦아	사과 하나를 줍는 동작하고 팔에다 쓱쓱 문지르는 동작하고 눈앞에다 사과를 이쪽저쪽으로 움직여 살펴보는 동작한 다음, 넓적다리 부분에다 문지른다
한 입 와사삭 음~ 맛있네	한 입 베어무는 동작한 다음, 두 손을 흔들며 느끼는 동작

● 생활주제 : 가을 ●

축구박수

축구 동작을 즐겨보는
손놀이인데 일어서서 한다

킥킥 짝짝	발로 공 차는 동작한 다음 손뼉 두 번 친다
헤딩헤딩 짝짝	머리로 공을 받는 동작하고 손뼉 두 번 친다
킥 짝 헤딩 짝 킥 헤딩 짝짝	발로 차고 - 손뼉 한 번 - 머리로 받고 - 손뼉 한 번 - 발로 차고 - 머리로 받고 - 손뼉 두 번

● 생활주제 : 가을 ●

권투박수

권투 동작을 즐겨보는
손놀이인데 일어서서 한다

잽잽 짝짝	오른손 왼손 교대로 뻗어 훅을 한 다음 손뼉 두 번 친다
슬리핑슬리핑 짝짝	양팔로 얼굴 앞을 가리고 방어하는 동작을 오른쪽 왼쪽으로 한 다음 손뼉 두 번
잽 짝 슬리핑 짝 잽 슬리핑 짝짝	앞으로 훅 - 손뼉 한 번 - 얼굴 방어 - 손뼉 한 번 - 훅 - 얼굴 방어 - 손뼉 두 번

● 생활주제 : 우리나라 ●

알캉달캉

달구지가 시골길을 가는 모습을 보고
표현한 손놀이로서
두 사람이 마주 앉아 한다

알캉달캉 알캉달캉 달구지 수레바퀴	둘이 양손을 맞잡고 당겼다 끌렸다 하기를 반복한다
꼬불꼬불 시골길	맞잡은 두 손을 위아래 방향 바꾸며 모았다 벌렸다 반복
삐뚤빼뚤 골목길을	맞잡은 두 손을 구불구불하게 움직이기 반복
오르락 내리락 오솔길을	맞잡은 두 손을 위로 올렸다 내렸다 반복
알캉달캉 알캉달캉 잘도 간다	맞잡은 양손을 당겼다 끌렀다 반복한다

● 생활주제 : 우리나라 ●

밥

밥에 관심을
유도하는 손놀이

동글동글 김밥 가마솥에 누룽지	엄지 검지로 작은 동그라미를 만든 모양으로 동글 동글 굴리는 동작 표현 - 양손바닥이 위로 가게 하고 양손 동시에 빙글빙글 돌린다
이것저것 비빔밥 지글지글 볶음밥	오른쪽에서 한 번 왼쪽에서 한 번 뭔가 집어넣는 동작하고 비비는 동작 - 양손을 손바닥이 위로 가게하고 손가락을 막 움직여준다
주물주물 주먹밥 도레미파 콩나물밥	주물럭거리는 동작 반복 - 피아노로 도레미파 치는 동작
아무거나 잘 먹으면 힘이 나요 으라싸싸	양손으로 막 주워먹는 동작 - 양팔을 위로 번쩍 올렸다 내렸다
키 커져요 쑥쑥	양손을 위로 쭉 뻗어 길어진 표현을 반복
한 그릇 뚝딱 두 그릇 뚝딱	양손으로 그릇을 표현하고 배를 두드린다 두 번 반복
잘 먹었습니다	양손을 배 앞에 모으고 인사하며 즐겁게 소리친다

● 생활주제 : 우리나라 ●

도깨비 잡으러

마주 앉아서
둘이 하는 손놀이

도깨비 잡으러	양손 검지를 머리 위에 대어 뿔을 표현하고 양팔을 엇겨 묶인 모양 표현
산으로 갈까요	양손으로 세모 나게 붙여 산을 표현 - 두 팔을 신나게 흔들기
도깨비 잡으면	양손 검지를 머리 위에 대어 뿔을 표현하고 양팔을 엇겨 묶인 모양 표현
어떻게 할까요	오른팔로 턱 고이고 왼손으로 받친다 - 왼손으로 턱 고이고 오른손으로 받친다
꼬집을까 때릴까 간지럼 태울까	서로 꼬집는 동작 - 서로 두 손으로 콩콩 때리는 동작 - 서로 간지럼태우는 동작
랄랄랄라 랄랄랄라 가위 바위 보	양손을 둥글둥글 실패감듯이 한다 - 서로 왼손을 맞잡아 올리고 그 아래서 오른손으로 가위바위보 한다

*이때 가위바위보에서 이긴 사람이 진 사람에게 벌점을 주는데 진 사람 얼굴에 스티커 붙여 주기를 해도 재미있고 혹은 손가락으로 상대방 얼굴에 아무 곳이나 사랑의 복점을 찍어주는 방법도 좋음

● 생활주제 : 기계와 도구 ●

망치질

팔과 다리를 활용하여
망치질을 표현하는 손놀이

한 개의 망치로 망치질 한다	오른손 주먹으로 오른쪽 넓적다리 부분을 두드린다
두 개의 망치로 망치질 한다	위의 동작에 추가하여 왼손 주먹으로 왼쪽 넓적다리 부분을 두드린다
세 개의 망치로 망치질 한다	위의 동작에 추가하여 오른쪽 다리를 동시에 바닥을 쿵쿵 두드리는 동작
네 개의 망치로 망치질 한다	위의 동작에 추가하여 왼쪽 다리도 바닥을 쿵쿵 두드리는 동작
다섯 개의 망치로 망치 질한다	위의 동작에 추가하여 머리도 크게 끄덕거려서 두드리는 동작
아이~	양팔을 올려 기지개를 크게 편다
나는 너무 피곤해	양팔을 엇겨 자기 가슴에 놓았다가 양팔을 양쪽으로 크게 벌려서 개라는 표현을 해 준 후 두 손 모아 오른 귀 옆에 갖다 대고 자는 동작

주전자

주전자를 재미있게
표현하는 손놀이

나는 작고	양팔을 엇겨서 자기 가슴에다 놓는다 - 양손 사이를 조금 벌려 작다는 표현을 한다
뚱뚱한 주전자예요	양쪽으로 크게 벌려 뚱뚱하다는 표현을 한 다음 그 상태대로 몸 전체를 흔들흔들 뒤뚱거리듯이 움직인다
손잡이 있고 주둥이 있죠	오른손 끝으로 머리 위에 둥글게 짚어서 꼭지를 표현하고 왼손은 쫙 펴고 팔을 굽혀서 왼쪽으로 주둥이를 표현한다
부글부글 푹 부글부글 푹	위의 상태로 몸 전체를 흔들거려 끓는 표현하고 '푹' 부분에서는 오른손을 위로 쫙 들어서 들썩하는 느낌을 표현한다 전체 동작을 두 번 번복
물이 끓으면	위의 모양을 유지하면서 계속 온몸을 흔들거린다
쭉 기울여 따라 주세요	위의 모양을 유지하면서 주둥이를 표현하고 있는 왼쪽으로 몸을 기울여 준다

가위

가위의 사용을
표현한 손놀이

가위 가위 싹둑싹둑	양손 검지와 장지만 펴서 오른손 먼저 쩔걱거리고 다음으로 왼손 쩔걱거리고 다음에 양손 동시에 두 번 쩔걱거린다
가위 가위 싹둑싹둑	양손 검지와 장지만 펴서 오른손 먼저 쩔걱거리고 다음으로 왼손 쩔걱거리고 다음에 양손 동시에 두 번 쩔걱거린다
머리를 싹둑	왼손으로 머리카락을 잡고 오른손 검지와 장지로 짜르는 시늉
안 돼 안 돼	두 손을 사레질하며 세게 흔든다
옷을 싹둑	왼손으로 옷을 잡고 오른 손 검지와 장지로 짜르는 시늉
안 돼 안 돼	두 손을 사래질하며 세게 흔든다
색종이 도화지 종이만	양손 검지로 작은 네모 그리고 점차 크게 네모를 그린다
싹둑 싹둑	양손 동시에 검지와 장지만 펴서 가위처럼 두 번 쩔걱거린다
가위 가위 싹둑싹둑	양손 검지와 장지만 펴서 오른손 먼저 쩔걱거리고 다음으로 왼손 쩔걱거리고 다음에 양손 동시에 두 번 쩔걱거린다
가위 가위 싹둑싹둑	양손 검지와 장지만 펴서 오른손 먼저 쩔걱거리고 다음으로 왼손 쩔걱거리고 다음에 양손 동시에 두 번 쩔걱거린다

● 생활주제 : 기계와 도구 ●

엘리베이터

엘리베이터 타고 올라가기까지를
표현한 손놀이

엘리베이터 엘리베이터	양손 검지를 세워 네모를 그린다. 두 번 반복
문을 열고 문을 열고	양손의 손바닥이 바깥쪽으로 보이게 손을 세우고 붙였다가 양쪽으로 두 번에 걸쳐 점차 벌어지게 한다
척척척척 척척척척	오른손 검지부터 세워서 바깥에서 자기 가슴 쪽으로 들여온다. 계속하여 왼손 검지, 오른 검지와 장지, 왼 검지와 장지, 오른 검지와 장지, 약지, 왼 검지와 장지, 약지, 오른 검지와 장지 약지 소지, 왼 검지와 장지, 약지, 소지의 순으로 가슴 쪽으로 들여 온다 - 사람들이 엘리베이터 타는 표현
삐익!	오른 검지를 세운다
앗, 너무 많아	두 손을 한 번 바짝 세운 다음, 흔들며 안 되겠다는 동작
어슬렁 어슬렁	오른 검지가 먼저 가슴 쪽에서 바깥으로 건들거리며 나가고 왼 검지가 이어서 바깥 방향으로 나간다 - 사람 내리는 표현
문을 닫고 문을 닫고	양손의 바닥이 바깥쪽으로 보이게 세우고 바깥쪽에서 안쪽으로 두 번에 걸쳐 모여지게 하여 딱 두 손을 붙인다
올라갑니다 슈웅	오른손을 아래서 위를 향해 리듬 있게 쓸어 올려 준 다음 양손을 뾰족하게 모아 위로 쑹 올라가는 동작 표현

● 생활주제 : 음식 ●

포장마차

포장마차에서 파는 다양한 음식을
표현한 손놀이

데굴데굴 말아말아	양손을 실패 감듯이 한다
김밥 김밥	양손 엄지와 검지로 각각 작은 동그라미를 만들어 빙글빙글 돌린다
납작납작 구워구워	양손을 쫙 펴서 손등을 보였다가 손바닥을 보이게 뒤집었다가 한다. 전체 동작 두 번 반복
호떡 호떡	양손 엄지와 검지를 서로 맞붙여서 동그랗게 만들어 오른쪽에 한 번 왼쪽에 한 번 내민다
지글지글 볶아볶아	양손으로 볶는 동작
떡볶이 떡볶이	양손 검지만 세워서 위로 찌르는 동작
부글부글 끓여끓여	손바닥이 위로 가게 하고 손가락을 전체적으로 움직여 부글거리는 느낌을 표현
어묵 어묵	오른팔을 세우고 왼손으로 받치는 동작 - 왼팔을 세우고 오른손으로 받치는 동작
냠냠냠냠 짭짭짭잡 냠냠냠냠 짭짭짭잡	양손으로 마구 집어먹는 동작을 왼쪽 오른쪽 번갈아가며 반복
뚱뚱 뚱뚱	양손 주먹으로 자기 배를 두드린다
배가 뚱뚱	오른 주먹, 왼 주먹 번갈아 두드린다
뚱뚱 뚱뚱	양손 주먹으로 자기 배를 두드린다
배가 뚱뚱	오른 주먹, 왼 주먹 번갈아 두드린다

● 생활주제 : 음식 ●

핫도그 아줌마

두 사람이 마주 앉아 표현하는 손놀이로
핫도그를 재미있게 표현하고 있으며
멜로디는 '산할아버지'에 맞춤

핫도그 아줌마 핫도그 주세요	각각 자기 무릎 두 번 손뼉 두 번 치고 오른 검지를 세워 자기 얼굴 밑에다 갖다 댄다
동그랗게 말아 주세요	자기 무릎 두 번 치고 손뼉 두 번 치고 검지만 세워 실패 감듯이 동그랗게 돌린다
이왕이면 큰 길로 주세요	무릎 두 번 치고 손뼉 두 번 치고 오른손 검지를 세워 상대방 얼굴 밑에 갖다 댄다
케첩도 발라 주세요 살살	무릎 두 번 치고 손뼉 두 번 치고 두 손으로 상대방 얼굴을 드럽게 문지른다
설탕도 뿌려 주세요	무릎 두 번 치고 손뼉 두 번 치고 상대방 머리 위에 두 손으로 뿌리는 동작

● 생활주제 : 음식 ●

햄버거 아저씨

두 사람이 마주 앉아 표현하는 손놀이로
햄버거를 재미있게 표현하고 있으며
멜로디는 '산할아버지'에 맞춤

햄버거 아저씨 햄버거 주세요	자기 무릎 두 번 손뼉 두 번 치고 왼손은 자기 턱을 받치고 오른손으로 자기 머리 위를 누르는 동작으로 두 손 사이에 얼굴이 끼게 한다
빨리빨리 열 개만 주세요	무릎 두 번 치고 손뼉 두 번 치고 오른손과 왼손을 엄지부터 검지, 장지, 약지, 소지순으로 빠르게 접는다
이왕이면 큰 걸로 주세요	무릎 두 번 치고 손뼉 두 번 치고 오른손과 왼손으로 상대방 얼굴의 위아래에 갖다 대어 햄버거 빵 사이에 패티가 낀 것처럼 두 손 사이에 얼굴을 끼운다
케첩도 발라 주세요 살살	무릎 두 번 치고 손뼉 두 번 치고 두 손으로 상대방 머리 위와 턱 아래 부분을 동시에 빙글빙글 문지르는 동작
소스도 뿌려 주세요 죽죽	무릎 두 번 치고 손뼉 두 번 치고 두 손으로 상대방 머리 위에 소스병을 죽죽 짜는 동작

● 생활주제 : 크리스마스 ●

누굴까

산타 할아버지가 찾아오는 것을
표현한 손놀이

가사	동작
펑펑 눈 오는 밤	양손을 각각 둥글게 하여 양쪽 어깨쯤에서 두 번 둥글둥글 움직여 준 후 위에서 아래로 흔들며 내려준다
깜깜한 하늘로	두 눈을 가렸다가 머리 위에서 양손으로 반원을 그린다
슝 - 날아오네	오른손의 검지와 장지를 펴서 붙이고 오른쪽 위에서 왼쪽 아래를 향해 길게 내려긋듯이 내려온다
굴뚝으로	양손 검지로 긴 네모를 그린다
살금살금 살금살금 살금살금 살금살금	양손을 번갈아 살금살금 가는 동작
내 방으로	양손 검지로 정네모를 그린다
살금살금 살금살금 살금살금 살금살금	양손을 번갈아 살금살금 가는 동작
커다란 선물을	두 손으로 크게 동그라미를 그린 다음 두 손을 맞붙여 앞으로 내민다
머리 위에 살짝	오른손 검지로 자기 머리를 탁 찍은 다음 오른손으로 살짝 물건을 내려놓는 동작
누굴까? 누굴까?	오른손으로 턱을 받치고 왼손으로 오른팔을 받쳐 생각 동작, 반대로 왼손으로 턱을 받치고 오른손으로 왼팔을 받쳐 생각 동작
옳지! 알았다!	오른손 장지와 엄지를 문질러 딱 소리내는 동작하고 손뼉 한 번 친다
산타 할아버지 고맙습니다	두 손을 입에 모으고 공중을 향해 소리지르는 동작

● 생활주제 : 크리스마스 ●

산타가 나오잖아

손을 즐겁게 활용하여 산타의 등장을 표현한 손놀이

여기 굴뚝이 있고	오른손 엄지를 주먹 사이에 접어 넣은 상태로 오른 주먹을 쥐어 앞으로 내민다
탑이 있어요	오른 주먹 위에 왼 주먹을 얹는다
뚜껑을 열어 보니	왼 주먹을 위로 크게 둥글리며 도로 뺀다
산타가 나오잖아	오른 주먹 안에 접어 두었던 엄지를 높이 세워 앞으로 내민다

● 생활주제 : 겨울 ●

다섯 마리 작은 붕어

연못에 사는 붕어들을
재미있게 표현한 손놀이

다섯 마리 작은 붕어들이 연못에서 헤엄을 치고 있어요	오른손 다섯 손가락을 쫙 펴 보인 다음 바닥 쪽으로 손바닥을 향하게 하고 헤엄치듯 움직인다
첫째 붕어가 말했어요	오른손 엄지를 앞으로 내밀어 보이며 흔든다
"연못 물이 너무 추워"	두 손을 떨듯이 움직인다
둘째 붕어가 말했이요	오른손 엄지와 검지를 내밀어 보이며 흔든다
"물이 너무 깊어"	오른손을 아래쪽으로 깊게 내린다
셋째 붕어가 말했어요	오른손 엄지와 검지, 중지를 내밀어보이며 흔든다
"난 졸려"	오른손으로 자신의 가슴을 짚은 다음 손을 뒤집어 이마 위에 올린다
넷째 붕어가 말했어요	오른 검지, 중지, 약지, 소지를 내밀어 보이며 흔든다
"우리 다 뛰어들자"	양손으로 앞으로 다이빙하며 뛰어드는 동작
다섯째 붕어가 말했어요	오른 손가락을 다 펴서 앞으로 내밀어 보이며 흔든다

"난 탐험가야"	오른손으로 자신을 짚은 다음, 오른 엄지와 검지로 동그라미 모양을 만들어 바닥 쪽에 누운 8자 모양을 그린다
이때	오른손 엄지와 장지로 딱 소리내는 동작
사람들이 와서 낚시줄을 던지자	오른손 검지와 중지를 세워 머리 뒤편에서 앞쪽으로 향하여 나온 다음 앞으로 낚시줄을 던지듯이 한다
다섯 마리 작은 붕어들은 단숨에 달아났대요	오른손 다섯 손가락을 쫙 펴 보인 다음 바닥 쪽을 휘젓듯이 하고 얼른 뒤로 감춘다

● 생활주제 : 겨울 ●

잠자러 가요

겨울잠 자는 동물을
표현한 손놀이

북풍이 윙윙	두 손을 실패 감듯이 빠르게 하며 왼쪽에서 오른쪽으로 구르듯이 움직인다
겨울이 다가와요	두 손으로 밖에서 자기 쪽으로 당기는 표현
우리는 겨울잠을 자야 해	양손을 엇겨 가슴에 놓았다가 잠자는 동작
느릿느릿 반달곰 잠자러 가요	양손으로 곰 발바닥 같은 모양을 표현하고 좌우로 느리게 흔들거린 다음 양손을 모아 귀 옆에 대고 자는 동작
꿈틀꿈틀 초록뱀 잠자러 가요	양손을 모아 꿈틀거리며 위로 솟구친 다음 귀 옆에 대고 잠자는 동작
폴짝폴짝 개구리 잠자러 가요	양손을 가볍게 벌려 개구리가 뛰는 것 같이 두 번 폴짝거리고 잠자는 동작
쪼르르르 다람쥐 잠자러 가요	양손으로 쪼르르르 기어가는 동작을 표현하고 잠자는 동작
새 봄이 올 때까지	양손을 반짝거리며 크게 밖으로 돌려 원을 그리고 난 후 밖에서 자기 쪽으로 끌어당기는 동작 표현
안녕 안녕 안녕 안녕 안녕 쿨~	위로 손을 높이 올려 안녕 인사를 네 번 한다 - 곰 목소리 - 뱀 목소리 - 개구리 목소리 - 다람쥐 목소리의 특징을 살려 차례로 표현하면서 동작한다. 두 손을 모으고 잠든 시늉

● 생활주제 : 겨울 ●

눈사람

눈사람을 만드는 과정을
표현한 손놀이

동글동글	두 손의 범위를 작게 하여 작은 눈덩이를 뭉치는 동작
둥글둥글	약간 두 손의 범위를 크게 하며 눈덩이 뭉치는 동작
데굴데굴	두 손의 범위를 크게 하여 천천히 실패 감듯이 굴리는 동작
데구르르 척	두 손을 빠르게 굴리는 동작한 다음 두 손으로 큰 눈덩이를 그린다
동글동글	두 손의 범위를 작게 하여 작은 눈덩이를 뭉치는 동작
둥글둥글	약간 두 손의 범위를 크게 하며 눈덩이 뭉치는 동작
데굴데굴	두 손의 범위를 크게 하여 천천히 실패 감듯이 굴리는 동작
데구르르 척	두 손을 빠르게 굴리는 동작한 다음 두 손으로 큰 눈덩이를 그리는데 이때 아까 그린 눈덩이 위에 올려놓는 것처럼 위치를 달리한다
눈도 짝	양손 검지로 눈썹처럼 자기 얼굴에 갖다 댄 다음 손뼉 한 번 친다

코도 짝	양손 검지를 세로로 세워서 코 위에 갖다 댄 다음 손뼉 한 번 친다
입도 짝	양손 검지로 입에 나란히 갖다 댄 다음 손뼉 한 번 친다
팔도 짝	양팔을 몸통에 꽂는 것처럼 벌린 양팔을 겨드랑이 밑부분에 당기는 동작하고 손뼉 한 번 친다
모자를 쓰윽	두 손으로 머리 위에 모자를 빗겨 씌우는 동작
흠~ 멋진 걸	팔짱을 끼고 아까 눈덩이를 척 하고 내려놓은 위치쯤을 보면서 고개를 끄덕인다

참고문헌

곽혜경 외(2010). 놀이지도. 창지사.
고문숙 외(2007). 어린이 놀이지도. 양서원.
권영례, 유안진(1993). 아동환경. 한국방송통신대학교 출판부.
김현자 외(2009). 놀이지도. 동문사.
김나영 외(2008). 놀이지도. 양서원.
김정원 외(2006). (영유아를 위한)교재 · 교구 연구 및 지도법. 양서원.
김지현 외(2008). 보육학개론. 학현사.
김수영 외(2009). 놀이지도. 양서원.
김수희 외(2009). 아동발달. 양서원.
나용선(2007). 아동발달 심리상담의 이론과 실제. 명지전문대학 산학협력단.
박정옥 외(2010). 유아미술교육. 양서원.
박찬옥, 정남미, 임경애(2004). 유아놀이지도. 학문사.
서울특별시(2005). 보육시설의 설치와 운영.
서영숙, 김경혜(2003). 영유아보육론. 양서원.
성영혜(2000). 치료놀이 I . 형설출판사.
성영혜 외(2002). 치료놀이 II . 형설출판사.
신유림 외(2007). 놀이지도. 창지사.
여성가족부(2005). 보육시설평가인증을 위한 조력프로그램 개발연구.
오연주 외(2007). 놀이지도. 창지사.
육아정책연구소(2012). 3~5세 연령별 누리과정 지원을 위한 연수. 서울특별시 성동교육청.
윤애희(2006). 유아놀이지도. 창지사.
이경우(2002). 유아교육과 멀티미디어. 창지사.
이기숙(2001). 유아교육과정. 교문사.
이숙재(1990). 유아를 위한 놀이의 이론과 실제. 창지사
______(2001). 유아놀이활동. 창지사.
______(2006). 유아놀이활동. 창지사.
이영 외(1999). 유아의 애착 및 어머니 유아 상호작용과 또래 상호작용과의 관계. 아동학회지, 20(3), 19-32.
______(1999). 유아교육기관 유형에 따른 교사 또래관계 및 아동발달에 관한 연구. 138 (99. 8.) pp.103-115.
이영석(1998). 유아교육론. 형설출판사.

전남련 외(2009). 놀이지도. 학현사.

정진, 성원경(2006). 유아놀이와 게임. 학지사.

조순옥 외(2009). 유아사회교육. 창지사.

중앙대학교 사범대학 부속유치원(2009). 3세아 놀이와 삶 이야기. 공동체.

지성애(2001). 유아놀이지도. 정민사.

채종옥 외(2006). 아동문학. 공동체.

최석란(2006). 놀이와 유아발달. 양서원.

최석란 외(2008). 놀이지도. 공동체.

홍용희 역(1996). 유아들의 학습에 비계설정(Scaffloding): 비고츠키와 유아교육. 창지사

Berlyne, D.(1960). *Conflict, arousal and auriosity*. NY: McGraw-Hill.

Berlyne, D. E.(1960). *Conflict, arousal and curiosity*. New York: McGraw Hill. & E. Aronson(Vol.3). Reading, MA: Addison Wesley.

Bronson, M. B.(1995). *The right stuff for children birth to 8: Selecting play materials to support development*. NAEYC.

David, B.(1994). Play, the playground and the culture of childhood, In J. R. Moles (Eds.), *The excellence of play*. Open Univ. Press.

Ellis, M.(1973). *Why people play*. Englewood Cliffs, NJ: Prentice-Hall.

Frost, J. L., Brown, P., Sutterby, J. A., & Thornton, C. D.(1999). *The developmental benefits of playgrounds*. MD: ACEI.

Frost, J.(1976). *Revisiting early childhood education*. NY: Holt, Rinehart and Winston.

Hartup, W. W.(1983). Peer relation. In E. M. Hetherington(Ed.), P. H. Mussen(Series Ed.), *Handbook of child psychology: Vol.4. Socialization, personality and social development*. New York: Wiley, pp.103-196.

Hendrick, J.(2003). *Total learning: Developmental curriculum for the young child*. NJ: Merrill Prentice Hall.

Hight, W., & Miller, P. J.(1992). The development of everyday pretend play: A longitudinal study of mother's participation. *Merrill-Palmer Quarterly, 38*, 331-341.

Howes, C., & Matheson, C.(1992). Sequences in the development of competent play with peers: Social and social pretend play. *Developmental Psychology, 28,* 961-974.

Hughes, F. P.(1995). *Children. pay and development*. Boston: Allyn and Bacon.

Johnson, J. E. Christie, J. F., & Yawkey, T. D.(1999). *Play and early childhood development*. Addison Wesley Longman, Inc.

Judith A. Schickedanz 저; 이영자(1995). *읽기와 쓰기를 즐기는 어린이로 기르는 방법: 유아의 읽기와 쓰기 기초단계 이해.* 이화여자대학교 출판부.

Kosteknik, M. J.(1997) Guilding children's social development(3rd ed.). New York: Delmar Publisher Inc.

Kritchevsky, S., Prescott, E., & Walling, L.(1997). *Planning environments for young children: Physical space.* Washington, DC: National Association for the Education of Young Children.

Levin, D. E.(1998). *Remote control children? Combating the hazards of media culture.* Washington, DC: NAEYC.

Moyer, G. D.(1995). Motor behavior of kindergartners during physical education and free play. In J. L. Frost, R. S. Sunderlin(Eds.), *When children play*(pp.145-150). Wheaton, MD: Association for Childhood Education International.

Slade, A.(1994). *Children at play.* New York: Oxford University Press.

Spodek, B.(1991). *유아교육학개론.* 서울대 소비자아동학과(공역). 양서원(원본 발간일, 1987).

Theemes, T.(1999). *Let's go outside! Designing the early childhood playground.* Ypsilanti, MI: High/Scope Press.

Wortham, S. C.(2002). *Early childhood curriculum: Developmental bases for learning and teaching.* OH: Merrill.

Wortham, S. S.(2002). *Early childhood education*(3rd ed.). Upper Saddle River. NJ: Merrill Prentice Hall.

구립 고척어린이집(http://kochuck.ukid.kr)

관인 향산어린이집

중앙보육정보센터

키즈랜드 어린이집

서울시보육정보센터

늘 푸른 어린이집(http://cafe.naver.com/kogaskids/1880)

찾아보기

인명

색인

ㅇ

저자소개

• 박정옥

이화여자대학교 대학원 문학 석사

동덕여자대학교 대학원 아동학 박사

성결대학교 부속유치원 원장, 안양시보육정보센터장 역임

전) 성결대학교 유아교육학과 교수

• 김미량

이화여자대학교 사범대학 유아교육학과

이화여자대학교 대학원 문학 석사

국민대학교 보육교사교육원 주임교수, 경희대학교 교육대학원, EBS 교육방송 강사 역임

현) 명지대학교 자연사회교육원 아동학과 주임교수

• 김수희

명지대학교 대학원 교육학 석사

명지대학교 대학원 아동학 박사

명지대학교 아동가족심리치료연구센터 책임연구원 역임

숭의여자대학교 겸임교수

현) 육영재단 어린이회관 유치원 원장

대한민국 신지식인(교육분야)

| 영유아 놀이지도 |

1판 1쇄 발행 2011년 2월 28일
1판 2쇄 발행 2012년 3월 10일
2판 1쇄 발행 2013년 8월 25일
3판 1쇄 발행 2017년 2월 25일
3판 2쇄 발행 2018년 8월 10일

지 은 이 | 박정옥 김미량 김수희
발 행 인 | 박철용
발 행 처 | 양서원
주　　소 | 경기도 파주시 직지길 522 파주출판도시
전　　화 | 031-955-8000(代)
팩　　스 | 031-955-8005
홈페이지 | www.yswpub.co.kr
이 메 일 | yswpub@chol.com
출판등록 | 1987년 11월 24일 제406-2003-037호

ISBN 978-89-994-0668-3

정가 19,000원